Waldorfschule? Waldorfschule!!

Für alle, die sich auf den Weg machen ...

GRAS WÄCHST NICHT SCHNELLER, WENN MAN DARAN ZIEHT!

(Afrikanisches Sprichwort)

Thekla Thome

WALDORFSCHULE? WALDORFSCHULE!!

Bibliografische Information der Deutschen Nationalbibliothek:
Die Deutsche Nationalbibliothek verzeichnet diese Publikation in der Deutschen Nationalbibliografie; detaillierte bibliografische Daten sind im Internet über
< http://dnb.d-nb.de > abrufbar.

Satz, Umschlaggestaltung, Herstellung und Verlag:
Books on Demand GmbH, Norderstedt
ISBN: 978-3-8334-7611-2

PROLOG

Dieses Buch habe ich nicht geschrieben, um den staatlichen Schulen die »Rote Karte« zu zeigen. Es sollte kein Loblied auf oder Lehrbuch über die Waldorfpädagogik werden; auch kein hochwissenschaftlicher Erklärungsversuch zum Thema Anthroposophie. Das hätte ich mir nicht zugetraut, zumal solche Bücher schon zuhauf von wahren Koryphäen auf diesem Gebiet geschrieben worden sind. Wenn man sich theoretisch informieren und waldorftypische Begriffe erklärt haben möchte, kann man sich einige dieser seelenlosen Bücher kaufen und sie studieren, wie man früher vielleicht Vokabeln gelernt hat.

Ich wollte den Wechsel von einer staatlichen Schule an eine Waldorfschule aus einem sehr persönlichen Blickwinkel heraus beleuchten, leicht humoristisch, mit einem zwinkernden Auge, manchmal skeptisch, nicht unkritisch, aber dennoch mit viel Sympathie, eben so, wie ich es in den letzten drei Jahren erfahren habe.

Dies war mir ein Bedürfnis, auch um Eltern, die sich in einer ähnlichen Situation befinden, aufzuzeigen, dass sie mit ihren Unsicherheiten, Zweifeln und Verwirrungen beim Eintauchen in die Welt der Waldorfpädagogik nicht alleine sind. Man wird in den seltensten Fällen als »Waldorfmutter« geboren. Ich, für meinen Fall, wurde von unserem Sohn dazu gemacht, und es ist ein noch immerwährender Prozess.

Wenn ein Kind leidet, spricht es die Urinstinkte einer jeden Mutter an, die ihr Kind beschützen möchte. Handeln Sie aus Liebe zu ihrem Kind, damit es einmal werden kann, was es werden will. Ich möchte Mut machen, Entscheidungen zu treffen, die sich auf ein ganzes Leben auswirken können. Nicht immer muss alles so bleiben, wie es ist, weil es schon immer so war.

In Deutschland gibt es viele unterschiedlich ausgerichtete Schulen – als Gegenpol zu der vom Staat verordneten »Verbildung« unserer Kinder. Wir haben uns für die Freie Waldorfschule entschieden, und heute sind wir stolz darauf, dazuzugehören zu einer weltweiten Bewegung, die in unserer Schullandschaft immer mehr an Bedeutung gewinnt.

DER ZUSAMMENBRUCH

Es war ein verregneter Novembertag. Mittags um halb 12.00 Uhr stand ich, wie Millionen anderer Mütter auf der Welt, in der Küche am Herd und erwartete meinen Jüngsten. Vincent war acht Jahre alt und besuchte die 3. Klasse einer Grundschule in einem kleinen idyllisch gelegenen Ort in Süddeutschland. Ich schaute aus dem Fenster und sah ihn schon von Weitem. Wie immer wenn er aus der Schule kam, ging er in dieser seltsam gebückten Haltung. Lange habe ich mir eingeredet, es liege wohl am viel zu schweren Schulranzen. Mit hängendem Kopf, die Kapuze tief ins Gesicht gezogen, ging er – etwas hastiger als sonst – zielstrebig, so als könne er es kaum erwarten, nach Hause zu kommen.

Die Tür flog auf, der Ranzen wurde mit voller Wucht in die Ecke gepfeffert und mein Sohn schmiss sich laut aufheulend vor meine Füße. Er schrie seinen ganzen Ärger aus sich heraus und seine Stimme überschlug sich dabei: »Ich hasse sie, ich hasse sie – ich will, dass sie tot ist – ich gehe nie wieder in die Schule – *nie wieder*!!« Er kauerte sich in embryonaler Haltung auf den Flurboden und blieb als ein kleines wimmerndes Bündel vor mir liegen.

Völlig entsetzt kniete ich mich zu ihm auf den Boden und versuchte ihn zu beruhigen. Ganz langsam entlockte ich ihm, was passiert war. Eine Strafarbeit! – Und natürlich ungerechtfertigterweise! Fast erleichtert, da ich ob dieses schrecklichen Gefühlsausbruches wesentlich Schlimmeres erwartet hatte, erklärte ich ihm, dass dies doch nicht der Weltuntergang sei, und dass auch ich manchmal Strafarbeiten bekommen hätte, und dass man sie immer als ungerecht empfand, und dass wir ein kleines Fest feiern würden, da es ja schließlich seine erste Strafarbeit sei, und, und, und ...!?

Vincent beruhigte sich kaum, schluchzend lag er da auf den kalten Marmorfliesen, das tränennasse Gesicht in meinen Armen, und aufgrund der vielen kleineren und größeren Katastrophen in Vincents Schulalltag wusste ich, dass diese Strafarbeit nur die Spitze des Eisbergs sein konnte, die meinen Sohn so in seinem Lebensmut erschüttern ließ.

Wir haben nicht mehr viel darüber gesprochen an diesem Tag. Er hat immer wieder meine Nähe gesucht und ich habe ihn viel in den Arm genommen. Gegen Abend setzte er sich an seinen Schreibtisch und erledigte mit stoischer Miene seine Strafarbeit und seine Hausaufgaben. Ich spürte, jetzt hatte er die viel gerühmte »innere Kündigung« vollzogen – und das mit acht Jahren in der 3. Klasse. Wie sollte das bloß weitergehen? Morgen musste er wieder in die Schule und er tat mir so unendlich leid.

Ich erinnerte mich an seinen ersten Schultag. Wie er freudestrahlend dastand, mit seiner selbst gebastelten Schultüte und erwartungsfroh und vertrauensselig seiner Lehrerin in das Klassenzimmer folgte. Schon damals beschlich mich ein ungutes Gefühl, da ich ahnte, was von nun an alles auf ihn zukommen würde.

Sein Selbstbewusstsein jedenfalls war dahin. Viel früher als von mir erwartet und ich wusste, es musste sich etwas ändern. – Aber was?

Ich suchte das Gespräch mit seiner Lehrerin.

LEHRERGESPRÄCH

In dem kleinen, alten Schulhaus schlug mir gleich dieser eigenartige Geruch entgegen, der mich sofort in meine eigene Schulzeit zurückversetzte. Diese Mischung aus Bleistift, Radiergummi, Bohnerwachs und … Angstschweiß vielleicht? Die Klassenlehrerin hatte mich gleich für den nächsten Tag einbestellt.

Ja, sie hätte mich sowieso gerne einmal gesprochen – und wie gut, dass ich mich meldete …

Langsam erklomm ich ehrfurchtsvoll die vielen Stufen, die in das Lehrerzimmer, ganz unter dem Dach, führten. Frau Laberle empfing mich frisch geschminkt und freundlich. Sie erklärte mir, was für ein netter und wohlerzogener Junge Vincent doch sei und dass er mit seiner guten Ausdrucksfähigkeit immer wieder mit vielen interessanten Beiträgen ihren Unterricht bereichere. Er sei sehr redegewandt und habe ja auch schon als Zweitklässler den 3. Platz in der Gesamtbewertung des Vorlesewettbewerbs der Schule gewonnen. »Wirklich toll! Auch im Kopfrechnen schlägt er seine Mitschüler um Längen und im Musikunterricht beweist er außerordentliches Rhythmusgefühl.«

Mir war erst einmal der Wind aus den Segeln genommen. Dennoch fragte ich sie ganz mutig, wie sie es sich denn dann erklären könne, dass mein Sohn sich in der Schule nicht mehr wohlfühle. Auf der einen Seite ist er sehr wissbegierig, kann sich für vieles begeistern, es sich merken und erklären, und auf der anderen Seite denkt er dennoch, er sei der Schlechteste in seiner Klasse. Ich fuhr fort: »Zugegebenermaßen stößt er bei den Hausaufgaben oft an seine Grenzen. Es kommt vor, dass nachmittags sage und schreibe 60 Rechenaufgaben der gleichen Sorte gemeistert werden müssen, für ein Diktat geübt und der Lebenslauf von Händel auswendig gelernt werden soll. Er braucht dann manchmal drei Stunden, wenn andere schon nach zwei Stunden draußen spielen.« Ich bat sie, dieses Pensum an Hausaufgaben nochmals zu überdenken, da an einigen Schulen versuchsweise schon lange keinerlei Hausaufgaben mehr aufgegeben wurden und die Lernerfolge dadurch auch nicht geringer seien als in Schulen wie ihrer. Viele Hausaufgaben garantieren nicht unbedingt den erwünschten Lernerfolg. Masse ist nicht gleich Klasse. Verzweifelt versuchte ich ihr zu beschreiben, wie es ist, wenn Vincent weinend nach Hause kommt, im Bewusstsein, das von ihr verordnete Hausaufgaben-Martyrium wieder nicht zu schaffen; wie die Nachmittage bestimmt sind durch stereotype Rechenaufgaben, stundenlanges Diktateüben und dass da keinerlei Zeit mehr bleibt für private Aktivitäten. Ich versuchte ihr den Psychostress bewusst zu machen, der Mütter und Kinder oft an ihre Grenzen treibt, beim unaufhörlichen Motivieren und Trösten, damit die Kinder nicht verzweifeln.

Bei Frau Laberle biss ich bei diesem Thema auf Granit. Sie wolle nicht auf ihre bewährte Methode verzichten, denn sie stehe ja schließlich kurz vor ihrer Pensionierung und blicke auf eine langjährige Berufserfahrung zurück. »Kinder müssen lernen – *lernen, lernen, lernen* und das geht nicht ohne üben – *üben, üben, üben*!« Sprach da nicht die

Drachenlehrerin aus Michael Endes »Lukas, der Lokomotivführer?« Genau! Die Frau Mahlzahn!!! Fast erlaubte ich mir, belustigt zu sein, doch schnell fing ich mich wieder und bat sie, auch zu bedenken, dass Vincent schließlich der Jüngste in seiner Klasse sei und dass er doch auch so viele Stärken habe. Ich verlangte nach einer Erklärung, warum er denn hier offensichtlich nur auf seine Schwäche, nicht alles zur rechten Zeit aufs Papier zu bringen, reduziert würde. »Fakt ist: Vincent geht nicht mehr gerne in die Schule, hat keinerlei Selbstbewusstsein mehr und ist unglücklich. Das müsste man doch irgendwie in den Griff bekommen, denn Sie haben mir doch gerade bestätigt, dass er nicht dumm ist.« Ich erwartete konstruktive Vorschläge, die jetzige unbefriedigende Situation irgendwie wieder in einen Rahmen zu bringen, der für alle Beteiligten akzeptabel wäre.

Frau Laberle ging auf meine Ausführungen nicht ein. (Hatte sie mich nicht verstanden? Sprach ich chinesisch?) Stattdessen nickte sie bedächtig und fuhr in ihrem Monolog fort: »Ja, das ist ganz normal, dass er sich schlecht fühlt, denn er ist ja immer langsamer als die anderen, das sieht auch die Frau Gscheidle in Sport und Kunst so, und wenn er dann im Diktat nicht fertig wird und ihm bei der vierseitigen Mathearbeit die letzte Seite fehlt oder er im Weitsprung beim Absprung nicht das Holz trifft und beim Basteln seinen Zauberer nicht fertig bekommt, ja, dann bekommt er eben eine schlechte Note. Auf einen Nenner gebracht: Vincent ist gefrustet, weil seine schriftlichen Leistungen, niemals seinen mündlichen entsprechen können.«

Niemals?, dachte ich, er ist doch erst acht Jahre alt!!!

Selbstzufrieden mit ihren Erklärungsversuchen und völlig entspannt lehnte sich Frau Laberle in ihrem Chefsessel zurück und zupfte ihren edlen Kaschmir-Pulli zurecht. Als Anwalt meines Kindes überlegte ich krampfhaft, was ich noch zu seiner »Rettung« beitragen könnte und fragte, ob man denn bei diesem Sachverhalt nicht einfach den mündlichen Teil des Unterrichts höher bewerten könne, damit die Verhältnismäßigkeit wieder stimme.

»So einfach geht das nicht«, unterbrach mich Frau Laberle mit einem strengen, zum sofortigen Schweigen ermahnenden, oberlehrerhaften Gesichtsausdruck, »schließlich habe ich meine Vorgaben vom Oberschulamt. Da würden ja dann plötzlich alle Eltern gerannt kommen und wollten bessere Noten haben – für ihre Sprösslinge.« Bei dem Wort »Oberschulamt« spitzte sie ihre pink angemalten Lippen und klapperte bedeutungsvoll mit ihren veilchenblauen Augendeckeln. Sie kramte in ihrer Aktentasche und zog ein weiteres Register, um sich und mir die »Unzulänglichkeiten« meines Sohnes zu erklären. »Frau Gscheidle hat sich freundlicherweise die Mühe gemacht, seine Defizite (das Wort »Defizite« presste sie schmallippig, fast angewidert aus sich heraus) in Sport und Kunst schriftlich festzuhalten. Ich war leicht irritiert. »Defizite im Sport?« – was passierte hier an dieser Schule. Vincent liebte Sport. Schon in der ersten Klasse strahlte er, wenn Sport auf dem Stundenplan stand. Obwohl er vielleicht nicht der Schnellste oder Geschickteste war, liebte er es, sich zu bewegen, und zu Hause während des Mittagessens hörte ich immer gerne seinen begeisterten Erzählungen zu, welche lustigen Bewegungsspiele der lieben Frau Gscheidle so eingefallen waren. Ist das nicht das Wichtigste im Turnen in den ersten Grundschuljahren? Scheinbar nicht. Ärger keimte in mir auf, als ich begann zu lesen, worauf es hier wirklich ankam:

- Er tut sich schwer beim Rückwärtsgehen
- Er hält die Linien der Spielfelder manchmal nicht ein
- Er stolpert oft
- Er vergisst häufig seinen Turnbeutel und seine Mütze
- Außerdem schneidet er im Kunstunterricht nicht akkurat aus

Aha, dachte ich, an diesen Nichtigkeiten wird mein Sohn also gemessen. An einer Schule in einer deutschen Großstadt mit einem gängigen Ausländeranteil von über 70 Prozent hätte Vincent, allein weil er der deutschen Sprache mächtig ist, triumphale Erfolge feiern können. Und hier an dieser Zwergenschule in Kleinkleckersdorf wurde er wegen dieses ›Klein-Kleins‹ niedergemacht.

Meine Ohren begannen zu summen.

Sicherlich sah Frau Laberle mir meinen Unmut an und schnell versuchte sie, mir Mut zuzusprechen. Es sei ja schließlich noch nicht alles verloren. Sie würde mir dringend empfehlen, einen Kurs zu besuchen, bei dem Mütter lernen sollten, besser mit den Hausaufgaben ihrer Kinder zurechtzukommen, denn im Hinblick auf die weiterführenden Schulen müsse sie die Kinder noch ziemlich quälen, damit sie genau sehe, wer dem immensen Stress gewachsen sei, der jetzt dank PISA-Studie und achtjährigem Gymnasium auf die Kinder zukomme. Kinder wie Vincent blieben da leicht auf der Strecke.

Mir wurde schlecht.

Mit hochrotem Kopf bedankte ich mich artig für das »aufschlussreiche« Gespräch und verließ, innerlich fast überkochend vor Wut, den Ort des Grauens.

»Hausaufgabenkurs für Mütter«, wummerte es in meinem Kopf. Das ist doch nicht zu fassen! ICH sollte lernen, wie man HAUSAUFGABEN macht? Warum gab es keine Kurse für unflexible und oberschlaue Grundschullehrerinnen? Immer sollen die Mütter schuld sein, wenn ein Kind nicht genau so funktioniert, wie der Lehrer sich das vorstellt. Es sind niemals die Lehrer! Die blöden Mütter sind es, die ihre Blagen nicht richtig erziehen und ihnen den notwendigen Lernstoff nicht vermitteln können.

Sicherlich habe ich in den letzten Jahren einige (wenige) Lehrer kennengelernt, die in der Lage waren, das Beste aus jedem Kind herauszuholen, doch andererseits traf ich auch auf viele Lehrer, die es nicht fertigbrachten, ein konstruktives Gespräch mit mir zu führen. Immer wieder staunte ich über die Selbstverständlichkeit, wie sie es verstanden, Dialoge in Monologe umzuwandeln, sodass ich das Gefühl hatte, gegen Wände zu sprechen. Ganz bestimmt gibt es Eltern, die ihren Erziehungsauftrag nicht ernst nehmen, aber genauso wie es abgestumpfte Eltern gibt, gibt es auch schlechte Lehrer, ohne jegliches pädagogische Talent, die in ihrem Lehrplan erstarrt, gelangweilt und lustlos (»burned out« heißt das heute), ihren seit Jahrzehnten nicht veränderten Unterrichtsstoff abdudeln, während sie von ihrem nächsten Urlaub in der Südsee träumen. Lieber werden Kinderseelchen zu Brei geschlagen, bevor man sich die Mühe macht, etwas mehr gesunden Menschenverstand walten zu lassen. Verkrampft wird an den antiken Dogmen des anbetungswürdigen Kultusministeriums festgehalten, ängstlich, der Lehrplan könnte sich ändern, denn dann könnte man ja seine seit Jahrzehnten erprobten Mathe- und Erdkundetests nicht immer wieder verwenden. Lehrer sind nicht unfehlbar oder gar unantastbar. Lehrer sind keine Götter! Es wird Zeit, dass auch Pädagogen bewertet werden. Dann stünden vielleicht auch Sätze in ihren Zeugnissen wie:

»... kommt häufig zu spät, schreibt schlampig an die Tafel, vergisst ständig seine Unterrichtsmaterialien, bleibt nicht beim Thema, wirkt leicht verschusselt und kann den Unterrichtsstoff nicht an den Mann (an das Kind) bringen.

Alles in allem hat er das Klassenziel, seine Schüler in die nächsthöhere Klasse zu versetzen, nicht erreicht.«

Herrgott noch mal, das darf doch wohl mal gesagt werden in meiner ohnmächtigen Wut, ohne dass gleich wieder ein Aufschrei der Lehrerschaft durch die Presse geht im Sinne von: »Oh Gott, oh Gott, da schreibt wieder so ein frustriertes Muttilein ein Buch, das wird doch hoffentlich keiner ernst nehmen?«

Ich hatte jedenfalls die Nase gestrichen voll, voll von diesen verkrusteten Systemen, voll aber auch von den absolut nichts bringenden Schuldzuweisungen – egal, ob schlechte Mütter oder schlechte Lehrer. Kein Kind ist gerne schlecht in der Schule, und es gibt genügend positive Beispiele von Schulen, vor allem in anderen Ländern, wo Kinder, ohne jemals sitzen bleiben zu müssen, mit einem menschenwürdigen Selbstwertgefühl einen adäquaten Schulabschluss erlangen.

Warum soll das hier für uns nicht gelten?

Da stimmte doch irgendetwas nicht.

Es musste sich etwas ändern. Aber was?

BRAINSTORMING

Am selben Abend noch hielten wir Familienrat.

Auch Alexander war eingeladen, unser 18-jähriger Sohn, mit dem wir seit zwölf Jahren durch die vielen Täler des staatlichen Schulsystems wanderten. Gleich zu Beginn unserer Sitzung stellte er das einfache Wort »WALDORF-SCHULE« in den Raum. Für einen kurzen Moment war es sehr still in unserer Runde. Er hatte sich wirklich getraut, diesen infamen Gedanken auszusprechen, der tief in meinem Innern schon länger schlummerte.

Mein Mann horchte auf und gab gleich zu bedenken, ob wir denn wüssten, dass es diese Art von Bildung nicht umsonst gibt. Ja, das ahnte ich, aber ich wusste es nicht genau. Was würde uns das kosten? Und wollten wir das überhaupt? Über diese Schule wussten wir nicht viel, aber wäre ein Schulwechsel vielleicht ein Weg, den man gehen könnte, wenn einem dieses staatliche Schulsystem nicht mehr plausibel erscheint, wenn es einem zu eng wird, wenn ein Kind nicht genau ins Schema passt? Dies würde eine wirkliche Veränderung bedeuten. Das wünschten wir uns doch. Schließlich hörte man doch immer wieder, dass den Kindern in der Waldorfschule einfach mehr Zeit gelassen wird, um sich zu entwickeln. Die Kinder werden ganzheitlich betrachtet, unterschiedliche Begabungen erhalten Raum, sich in individuellem Tempo zu entwickeln – ohne

Angst vor Noten. Der Leistungsdruck wäre nicht mehr so im Vordergrund und dieses Konkurrenzdenken – schon bei den Kindern. Das wär's doch, oder?

Es klingelte an der Tür. Die Oma! Ausgerechnet jetzt, wo wir mittendrin waren in unseren heimlichen Überlegungen.

Alexander platzte auch gleich heraus: »Oma, der Vincent geht wahrscheinlich in die Waldorfschule!«

Ich erwartete sogleich ein vernichtendes Urteil meiner Mutter, doch zu meinem Erstaunen war sie noch nicht einmal sonderlich überrascht. »Das hab' ich mir schon länger überlegt, ob das nicht eine gute Alternative wäre für unseren Vincent«, meinte sie und setzte sich zu uns. »Die legen doch so viel Wert auf Kunst und Musik, und Vincent spielt doch so schön Klavier, und dass er hier an der Schule todunglücklich ist, sieht doch ein Blinder mit 'nem Krückstock.«

Erleichterung machte sich in mir breit. Wenn selbst sie das so sah …!

Doch Moment mal! *STOPP*! – Es war erstmal nur so eine Idee, wir haben uns noch lange nicht entschieden – wir sind doch erst am Anfang!

Locker plapperten wir so drauflos, was uns denn so einfiel zu den Waldorfschulen.

Mein Mann erzählte von seinem Freund, der auch auf die Waldorfschule gegangen war und es trotzdem zu einer ansehnlichen Führungsposition bei einem Weltkonzern gebracht hat.

Mmmmh. Trotzdem?

Meine Mutter gab zu bedenken, dass die Waldörfler wahrscheinlich alles Grün-Wähler sind und vielleicht sogar auch Haschisch rauchen, weil das der Joschka doch bestimmt auch gemacht hat, damals in seiner Kommune.

Oh, nein! Vincent als Kiffer?

Alexander meinte, es gingen bestimmt verhältnismäßig viele Kinder von Biobauern in diese Schule, denn er hätte mal gehört, in der Cafeteria gäbe es nur diesen Biokram zu essen.

So, so. Nur Biokram! Vincent als Biobauer?

Ich fügte hinzu, dass die Lehrer dort Antroposof... – ääää – Anthroposophen oder so ähnlich sind.

»Das ist doch hoffentlich keine Sekte?«, fragte meine Mutter besorgt.

Ich verneinte dies vehement, obwohl ich mir eigentlich gar nicht so sicher war. Was sind das eigentlich für Leute, diese Anthroposophen, in deren Obhut ich unseren Sohn geben möchte, obwohl ich noch nicht einmal wusste, wie sie sich schrieben?

Vincent, als Guru in wallenden Gewändern?

Alexander hatte noch einen wichtigen Beitrag für unser Gespräch. Er berichtete, dass Waldorfschüler auch anders riechen als staatliche Schüler. Er habe das immer in der Turnhalle festgestellt, wenn vor ihm eine Waldorfklasse Sport hatte. Er sinnierte weiter und meinte, das läge bestimmt an dem vielen Müsli-Zeugs, was die so essen.

Wir lachten uns schlapp!!

ALARMSTUFE ROT

In den nächsten Tagen versuchte ich, meine vielen Gedanken zu entwirren. Sollten wir es wirklich wagen, Vincent aus seiner Schule zu nehmen. Ist das nicht verwegen? Würde Vincent das überhaupt wollen? Was würden die Leute sagen? Passten wir denn zu diesem Verein? Hatten wir nicht selbst auch schon unsere Witze über sie gemacht?

Vincent erzählte ich natürlich noch nichts von unseren Gedankenspielen. Tapfer, aber ohne Freude stapfte er weiter jeden Morgen in die Schule. Was blieb ihm auch anderes übrig? Er litt, das sah ich ihm an, zumal die Lehrerin ihre Ankündigung, die Kinder recht »quälen« zu wollen, wahr zu machen schien. Jeden Nachmittag verbrachte er viele Stunden lustlos über seinen Hausaufgaben. Auch die anderen Kinder stöhnten, dass sie keine Zeit mehr zum Spielen hätten.

Manchmal versuchte ich, das Planspiel eines Schulwechsels weit von mir zu schieben. Es wird schon irgendwie gehen, dachte ich dann. Vielleicht macht Vincent einfach nur eine schwierige Phase durch. Aber immer wenn ich die letzten zwei Schuljahre Revue passieren ließ, wurde mir ganz deutlich, dass dies keine kurze Phase war, in der Vincent steckte. Es war ein längerer Leidensweg, den er gegangen war, um so frustriert zu werden, wie er es heute ist. Und mir wurde auch bewusst, dass ich mit ihm einen anderen Weg gehen wollte als diese ausgetretenen Pfade des staatlichen Schulsystems, die ich ja nun schon seit über zwölf Jahren mit meinem ältesten Sohn durchtrampelte, immer mit dem unterschwelligen Gefühl, dass sich hier doch irgendwann mal etwas ändern müsste. Das kollektive Beharrungsdenken im Kultusministerium wich höchstens einem hyperaktiven Hin und Her visionärer Hirngespinste, wie in verkürzter Zeit noch mehr Informationsmaterial in die Köpfe der Kinder gepresst werden könnte. Da sich von der Schulseite her nichts zu bewegen schien, was uns eine Verbesserung der Situation in Aussicht stellte, mussten wir es sein, die nach Veränderung strebten – nicht nur in Worten, sondern auch in Taten.

Erschrocken stellte ich in der nächsten Zeit fest, wie sehr Vincent sich veränderte. Er entwickelte Ticks. Neuerdings musste ich abends zigmal an sein Bett kommen, um ihm Gute Nacht zu sagen. Manchmal brauchte er unbedingt noch ein Glas Wasser oder er musste sich vergewissern, dass das Licht im Flur noch brannte. Immer wieder beschrieb er so ein komisches Gefühl auf seiner Brust, so einen Druck, und er glaubte, nicht richtig durchatmen zu könne. Mein Kleiner! Welche Last hatte sich da auf sein Kinderseelchen gelegt?

Wenn er sich unbeobachtet fühlte, zupfte er sich rhythmisch den Pulli von der Brust und er begann Fingernägel zu kauen. So langsam bekam ich es mit der Angst zu tun. Ich musste nicht Psychologie studiert haben, um zu erkennen, dass sich da eine ausgewachsene Depression anbahnte.

Mir war klar, dass es höchste Zeit war zu handeln.

Hoffentlich war es noch nicht zu spät.

AUFBRUCH

Wild entschlossen setzte ich mich eines Morgens gleich nach dem Frühstück ins Auto und fuhr in die Waldorfschule, die sich glücklicherweise in der nah gelegenen Kreisstadt befindet. Schon öfter bin ich an diesem Gebäude mit der schwungvollen Dachkonstruktion und dem farbenfrohen Fassadenanstrich vorbeigefahren, doch heute hatte ich dieses Haus zum Ziel.

Mit sehr gemischten Gefühlen lief ich über den Schulhof. Wie anders es hier war als sonst in den Schulhöfen. Kleine Pfade schlängelten sich durch wilde Hecken. Steinmäuerchen und massive Holzbänke luden zum Verweilen ein. Von Schülern bearbeitete Steine in verschiedenen Größen umrahmten aus Holz geschnitzte Figuren. In kleinen Grüppchen standen Mütter beisammen und ich schnappte Gesprächsfetzen wie »bis heute Nachmittag beim Filzen« und »Miriam hat Keuchhusten und kann heute nicht zum Zirkus kommen« auf. Unsicher grüßte ich die sehr selbstbewusst dreinschauenden Mütter und erheischte einen kurzen interessierten Blick.

Ich schlenderte weiter, vorbei an gemütlich anmutenden Holzhäuschen und warf durch ein großes Fenster einen Blick auf viele Kinder, die fröhlich an verschiedenen Werkbänken hantierten. Ja, dachte ich so stellt man sich eine Waldorfschule vor – wie im Bilderbuch!

Im Sekretariat empfing mich sogleich eine gepflegte Dame, mit grau melierten Haaren. Unter Herzklopfen erklärte ich knapp, dass ich meinen Sohn gerne in die 3. Klasse der Waldorfschule schicken möchte, und fragte, wie denn da so die übliche Vorgehensweise sei.

Milde lächelnd erklärte sie mir kurz und bündig, dass die 3. Klasse mit 36 Kindern randvoll sei, aber dass ich mich gerne in die lange Warteliste eintragen könnte.

NEIN! Damit hatte ich überhaupt nicht gerechnet. Eine Warteliste!

»Das ist aber schade«, murmelte ich und bat sie, Vincent auf die Liste zusetzen. Vielleicht hätten wir ja Glück.

Schnell verabschiedete ich mich. Ich war zutiefst enttäuscht. Nun hatten wir schon mal so eine gute Idee und die sollte nun im Keim erstickt werden. MIST!

Die Dame rief mir noch hinterher, ich könne bei dem im Januar geplanten Workshop teilnehmen. Dabei würde ich schon mal erste Eindrücke von der Schule sammeln können. Offenbar hatte sie gleich erkannt, dass ich ein absoluter Neuling auf diesem Terrain war. Irgendwie war mir dann plötzlich alles peinlich. Hätte ich mich doch bloß vorab schon mal besser informiert. Ich nahm mir fest vor, ein Buch über die Waldorfschulen zu kaufen.

Zu Hause angekommen haderte ich mit dem Schicksal. Meine Stimmung passte zu dem miesen Dezemberwetter draußen. Trotzig zog ich mir meine ältesten Jeans an, schnappte mir unseren Hund und stapfte durch den Regen und den Sturm, der mir mein Gehirn etwas durchlüften sollte. Es durfte einfach nicht wahr sein! Ich wünschte mir so sehr eine andere Schule für Vincent, und zwar möglichst schnell und nicht erst in den nächsten Jahren. Er sollte nicht noch mehr in seinem Selbstwertgefühl zerstört werden. Doch eine schnelle Lösung war nicht in Sicht.

Vielleicht sollte es aber auch einfach so sein. Wir hatten nun mehr Zeit, uns auf den Schulwechsel einzustellen, und schließlich musste ich auch Vincent darauf vorbereiten, dass es da noch eine Möglichkeit für ihn gäbe …

Was, wenn er überhaupt keine Veränderung will? Welches Kind wird schon gerne herausgerissen aus seiner gewohnten Schule, weg von seinen jetzigen Schulfreunden?

In der Zeitung las ich, dass in der Waldorfschule kurz vor Weihnachten die »Oberuferer Weihnachtsspiele« aufgeführt werden sollten. Ich beschloss, mit Vincent »Das Paradeisspiel« zu besuchen.

DAS PARADEISSPIEL

Vorsichtig bereitete ich Vincent auf seinen ersten Kontakt mit der Waldorfschule vor. Ganz behutsam wollte ich herausfinden, ob er einem eventuellen Schulwechsel aufgeschlossen gegenüberstünde. Wie fing ich da am besten an?

Möglichst beiläufig erzählte ich mittags zwischen Fischstäbchen, Spinat und Salzkartoffeln von einem Theaterstück, das am Wochenende in der Waldorfschule aufgeführt würde, und fragte Vincent, ob er denn Lust hätte, es mit mir anzuschauen. Der Titel »Das Paradeisspiel« passte in die Weihnachtszeit, und da Eltern ja bekanntermaßen vor allem gerne vor den Weihnachtsferien solche Aufführungen mit ihren Kindern besuchten, schöpfte Vincent keinerlei Verdacht und er stimmte meinem Vorschlag freudig zu.

Während wir uns am Samstagabend fein machten, fragte mich Vincent interessiert, was das denn für eine Schule sei und welche Kinder dahin gingen. Ganz unbefangen konnte ich ihm nun etwas über diese Schule erzählen, ohne dass er hellhörig wurde. Ich hörte mich sagen, dass die Lehrer dort angehalten würden, den Kindern ganz ohne Druck und ohne Noten etwas beizubringen, und dass in dieser Schule viel Wert auf das soziale Miteinander gelegt werde. Außerdem werde gemalt, getöpfert und geschnitzt. Diese Fächer seien in der Waldorfschule genauso wichtig wie Deutsch und Mathematik. Schon war ich am Ende mit meinem Latein. Doch Vincent wollte gar nicht mehr wissen. Seine Augen leuchteten interessiert. Keine Noten! Kein Druck! Das erschien ihm wohl paradiesisch, und schon war sein Interesse geweckt. Er stellte die von mir erhoffte Frage: »Könnte ich da auch hingehen?«

BINGO! Das läuft ja wie geschmiert, dachte ich erfreut. Mit der List einer Mutter erklärte ich ihm weiter, dass das gar nicht so einfach sei, auf diese Schule zu kommen, denn da wollten ja schließlich alle hin. Deswegen sei die Warteliste dort auch so lang, auf die man sich zu setzen hätte, wenn man da wirklich hinwolle.

Wir beschlossen, uns an diesem Abend erst einmal einen eigenen Eindruck zu verschaffen, bevor wir uns weiter mit den Plänen eines eventuellen Schulwechsels befassten. Aber ich merkte an seinem Gesichtsausdruck, dass er einen Schulwechsel nicht von vorneherein ablehnen würde. Na ja, da war doch schon viel gewonnen!

Meine Mutter begleitete uns. Mein Mann war wie so oft durch einen beruflichen Auslandsaufenthalt verhindert. Manchmal fühlte ich mich schon recht verlassen in solch für die Zukunft doch wichtigen Entscheidungsphasen. Aber wie immer biss ich die Zähne zusammen und nahm mir vor, diesen Abend zu genießen, um auch für Vincent eine wirklich positive Grundstimmung aufkommen zu lassen.

Vincent nahm mich bei der Hand und leitete mich vom Parkplatz aus durch dichtes Schneegestöber in den Menschenstrom, der sich zielstrebig auf die Waldorfschule zubewegte.

Die Wände der Flure waren in Gelb, Pink und Hellblau

gestrichen. Dieses freundliche Erscheinungsbild stand in krassem Kontrast zu den schon ziemlich heruntergekommenen Gebäuden der Schulen, die ich bis jetzt kennengelernt hatte. Wir betraten den »großen Saal«. Hier herrschte schon ein recht munteres Treiben. Eltern suchten sich Sitzplätze, Kinder rannten aufgeregt hin und her und ein fröhliches Stimmengewirr schwappte uns entgegen.

Eine flüchtige Bekannte aus unserem Ort, deren Tochter in die 2. Klasse der Waldorfschule ging, begrüßte mich kurz. Die Kleine war auch dabei, und ich stellte fest, dass sie sogar größer als Vincent war. Sie waren beide gleich alt.

Wir hätten nicht später kommen dürfen, denn mit Müh' und Not ergatterten wir noch drei Sitzplätze. Neugierig beäugte ich die Zuschauer. Mir fiel auf, dass die Eltern alle sehr leger gekleidet waren. Jeans, grob gestrickte Pullover – womöglich selbst gestrickt!? Viele von den Frauen hatten sich lässig lila oder pinkfarbene Schals um die Schultern drapiert. In meiner feinen schwarzen Ausgehhose und meinem eng anliegenden neuen Polyester-Shirt kam ich mir plötzlich ziemlich bieder und deplatziert vor. Wie gut, dass gerade das Licht ausging!

Die Scheinwerfer beleuchteten eine spartanisch geschmückte Bühne. Einige Leute in weißen Gewändern sangen ein eigenartiges Lied und wanderten rhythmisch im Kreis herum. Es wurde auch gesprochen, doch verstand ich fast nichts. War das ein Dialekt, eine altertümliche Sprache? Mmh. Leichte Konfusion machte sich in mir breit. Auf so etwas war ich nicht vorbereitet. Keiner hatte mich gewarnt! Es ging auf alle Fälle um die Erschaffung von Adam und Eva und ihre Vertreibung aus dem Paradies – das bekam ich gerade noch mit. Der Teufel, ja, der gefiel mir, da kam Leben auf die Bühne, wie der mit den Ketten rasselte! Aber seine Auftritte waren kurz. Immer wieder wurde so ein seltsames Lied gesungen »GOTT LOBE MA SCHO« – oder so ähnlich. Mir wurde es ungemütlich zumute. Ab und zu beobachtete ich meinen Sohn von der Seite, der wie gebannt dem Theaterstück zu folgen schien. Gerne hätte ich gewusst, was er dachte.

Oje. Völlig irritiert ließ ich dieses Schauspiel über mich ergehen. Ausgerechnet so ein seltsames Stück hatte ich ausgesucht, um ihn zum ersten Mal mit der Schule zu konfrontieren. Na ja, dachte ich, das war's dann wohl mit der Waldorfschule. Ich war felsenfest davon überzeugt, dass Vincent nach diesem Abend keinen Fuß mehr in diese Schule setzen würde. Aus der Traum.

Auch meine Mutter war sehr verunsichert. Sie fragte allen Ernstes, ob denn die Waldorfschüler auch diese eigentümliche Sprache lernen müssten. Natürlich verneinte ich das schnellstens, doch war ich mir da sicher?

Das Theaterstück erntete tosenden Applaus. Zügig verließen wir den Saal. Vincent war ganz in Gedanken. Spielerisch warf ich ihm einen Gesprächsanfang zu, indem ich ganz flapsig meinte: »Na, das Stück war ja nicht so lustig, wie wir uns das vorgestellt haben, gell!«

Zu meinem Erstaunen antwortete er sehr altklug: »Im Leben ist ja sonst auch nicht immer alles so lustig, Mama! Ich fand's ganz gut.«

Also, das hätte ich jetzt nicht erwartet, aber scheinbar möchte er diesen Traum, irgendwann einmal in eine andere Schule gehen zu dürfen, weiterträumen dürfen.

JA! Er fand's gut! Es ist also noch nicht alles verloren. JUHUUH!

Auf dem Nachhauseweg fiel mir das Mädchen aus der 2. Klasse wieder ein. Ein Hoffnungsschimmer erschien am Firmament. Ich beschloss, sobald wie möglich nachzufragen, ob Vincent denn in der 2. Klasse der Waldorfschule einen der begehrten Plätze ergattern könnte.

Die Dame im Sekretariat erkannte mich gleich wieder, als ich sie am nächsten Tag bat, doch mal nachzuschauen, ob ich meinen Sohn nicht in der 2. Klasse unterbringen könnte. Sie wusste, dass in der 2. Klasse noch zwei Plätze zu vergeben waren, doch sie klärte mich auf, dass sie und ich das nicht entscheiden könnten, ob er in diese Klasse gehen dürfe. Die Lehrerin entscheide, ob er vom Altersprofil und von seinem Typ her in ihre Klasse passe. Dazu müsste sie Vincent erst einmal kennenlernen. Die Sekretärin versprach mir, der Lehrerin unsere Bitte vorzutragen, und wir sollten abwarten, bis sie wieder auf uns zukäme.

Aha. Wieder eine Hürde, die wir zu nehmen hatten. Die Lehrerin. Also gut; so hatten wir schließlich auch noch mal Zeit, uns einen Überblick zu verschaffen. Glücklich und voller Hoffnung machte ich mich auf den Nachhauseweg.

EURYTHMIE

Im Januar besuchte ich den angekündigten Workshop. Lehrer boten interessierten Eltern die Möglichkeit, an ihrem Unterricht teilzunehmen. Man konnte sich verschiedene Fächer auswählen. Am meisten interessierte mich das Fach Eurythmie. Hierunter konnte ich mir überhaupt nichts vorstellen, und so war ich sehr gespannt, als ich mich morgens um 10.00 Uhr zu dieser Schulstunde einfand.

Herrlich, ich durfte wieder zur Schule gehen! Mit noch fünfzehn anderen Männern und Frauen folgte ich brav der Lehrerin in den Eurythmieraum. Das große Zimmer war in einem frischen Blau gestrichen, hatte eine Holzdecke, die Vorhänge waren transparent rosa und in der Ecke stand ein Flügel, an dem eine Dame mit einer altertümlichen Duttfrisur saß. Die Lehrerin begrüßte uns kurz, stellte sich und die Klavierlehrerin (die Mutter eines ehemaligen Abiturienten) vor und erzählte etwas über Eurythmie, was ich irgendwie nicht so ganz verstand. Sie sagte zum Beispiel Sätze wie: »Die Eurythmie ergreift den Leib durch beseelte Bewegung und fügt so das Seelisch-Geistige mit dem Leiblichen in ein harmonisches Verhältnis!« Oder: »... sie entspringt keimhaft aus dem Menschenwesen selbst und bildet den Körper als Ausdrucksmittel, als Instrument heran.« – Häh?

Oje, mein Kopf! Ob die anderen das verstanden? Manche schauten wissend, andere genauso verzweifelt wie ich.

Dann ging es los. Wir sollten einen großen Kreis bilden und nach verschiedenen Schrittvorgaben, die rhythmisch am Klavier begleitet wurden, Ovale, Vierecke und Dreiecke laufen. Dabei mussten kleine Bälle in vorgeschriebenen Reihenfolgen mal zum linken, dann zum rechten Nachbar weitergegeben werden. Die Lehrerin wurde nicht müde, uns immer wieder mit Worten zu motivieren. »In der Eurythmie kann man nichts falsch machen, man kann nur lernen, sich weiterentwickeln, scheuen Sie sich nicht, noch einmal nachzufragen …« Diese Übungen erforderten ein sehr hohes Maß an Konzentration, und allem Anschein nach war nicht nur ich es, die wirklich überfordert schien. Anfangs empfanden wir alles als wildes Durcheinander, doch nach und nach wurden wir sicherer und waren am Ende der Stunde doch so weit, fast alles zur Zufriedenheit der Lehrerin auszuführen. Wow! Das war vielleicht anstrengend. Die Lehrerin meinte, dies sei nur ein winziger Bruchteil gewesen von der Eurythmie. Es gäbe da auch noch die Vokalgebärden, Konsonantengebärden, den Rhythmus der Sprachbewegung, die Intervallgebärden und vieles, vieles mehr. Aha.

Für heute hatten alle genug. Wir waren so richtig ausgepowert. Ich begriff, als sie sagte, dass die Konzentration auf das eigene Tun immer verbunden sein muss mit dem sozialen Einfühlungsvermögen für die Bewegung der anderen. Sonst kann man die Freude an dem gemeinsamen Bewegungsstrom nicht erfahren.

Ziemlich geschafft fuhr ich nach Hause. Ich war begeistert. Dieses Fach hatte es wirklich in sich. Ergotherapie, Physiotherapie, Musik und Sozialpädagogik – alles in einem!? Das wäre genau das Richtige für Vincent. Hoffentlich meldete sich seine Lehrerin bald.

PROBETAGE

Im Februar und März wurde die Situation an unserer Dorfschule fast unerträglich. Die Schule beeinflusste unser gesamtes Familienleben. Vincent wurde mit diesen vielen Hausaufgaben einfach nicht fertig. Ich ließ ihn jeden Nachmittag zwei Stunden rechnen und schreiben und beschloss, ihn dann zu erlösen. Der Lehrerin ließ ich immer eine kleine Notiz zukommen, sodass sie wusste, er strengte sich an, aber beim besten Willen konnte er nicht alles zu Papier bringen, was sie aufgegeben hatte. Vincent fühlte sich immer mieser. Anfangs freute er sich natürlich über die eingeschränkten Hausaufgaben, doch unter seinen Mitschülern wurde er immer mehr zum Außenseiter. Die Schüler waren nicht mehr gut auf ihn zu sprechen. Wieso durfte er weniger Hausaufgaben machen als sie? Das war nur schwer zu verstehen. Morgens wollten sie nicht mehr mit ihm in die Schule laufen, sie rannten ihm davon. Kein Kind wollte mehr neben ihm sitzen. Vincent war zu ihrem Feindbild geworden.

Beim Einkaufen wurden mir schiefe Blicke hinterhergeschickt, und ich merkte, dass die Eltern der Mitschüler von Vincent über uns tuschelten. Einmal wurde ich beiseitegenommen von einer Mutter, die mir gestand, dass ihr Kind schon seit der 2. Klasse in der Grundschule Nachhilfeunterricht in Mathe und in Deutsch bekomme, »sonst würde es bei diesen hohen Anforderungen heute auch nicht mehr mitkommen«.

»Aber Vincent kommt ganz gut mit. Darum geht es hier doch gar nicht«, entgegnete ich leicht genervt, »mir gefällt einfach nicht, wie mit den Kindern hier umgegangen wird, dass der Lernstoff den Kindern so mit aller Gewalt eingetrichtert werden soll und ...« – doch die Mühe, mir wirklich zuzuhören, machte sich keiner. Sehr schnell waren die Mütter immer wieder bei den Noten und bei ihrer Hoffnung, ihre Kinder einmal aufs Gymnasium schicken zu können. Mensch, dachte ich giftig, bringt ihnen doch erst mal Manieren bei, richtig zu sprechen und guten Tag zu sagen, bevor ihr die Studiengänge eurer Kinder plant. Sie klebten oft mit acht Jahren noch vollkommen am Rockzipfel ihrer Mütter, erwiderten keinen Gruß, und kein Blickkontakt konnte gehalten werden. Anstand, Auftreten und Höflichkeit schienen hier nicht unbedingt vonnöten zu sein, denn dies waren keine Unterrichtsfächer, die man lernen musste, um eine gute Note zu bekommen, wie das bei den sehr beliebten hundert Mal geübten Diktaten der Fall war.

Ich konnte es einfach nicht fassen. In einer kleinen Grundschule in Deutschland mit einer Klassenstärke von 15 Kindern (15!) mussten erst achtjährige Kinder Nachhilfeunterricht bekommen!!! Und vor allem das mit dem Hausaufgabentraining für Mütter, da kam ich auch nicht drüber weg. Gab es eigentlich auch Kurse für Väter, Tanten, Onkel, Omas oder Opas, um die Defizite bei den Unterrichtserfolgen der Lehrer auszugleichen, denn viele Mütter sind heute schließlich berufstätig, und die von vielen Politikern versprochenen Betreuungsangebote für Schüler sind auf dem Lande noch sehr spärlich umgesetzt.

Außerdem war die Sache bei Vincent anders gelagert. Den Stoff zu begreifen, auswendig zu lernen, Gedichte zu rezitieren, Kopfrechnen …, das alles war ein Kinderspiel für ihn. Nur um schneller zu schreiben und etwas weniger zu träumen, brauchte er doch keinen Nachhilfeunterricht. Warum gab man ihm nicht einfach mehr Zeit, anstatt ihn jetzt schon dermaßen unter Druck zu setzen und mit dem Finger auf ihn zu zeigen?

Im April bekamen wir einen Brief von der Waldorfschule. Endlich! Die Lehrerin wollte Vincent kennenlernen und lud ihn ein, zwei Tage lang an ihrem Unterricht in der 2. Klasse teilzunehmen. Jetzt wurde es ernst. Da ich ihn hierfür in der Grundschule freistellen lassen musste, blieb mir nun nichts anderes mehr übrig, als mit offenen Karten zu spielen. Telefonisch erklärte ich Vincents Lehrerin, dass wir uns mit dem Gedanken tragen würden, unseren Sohn in die Waldorfschule zu schicken, da wir fänden, dass ihre Schule hier im Ort nicht die Richtige für Vincent sei. Sie schluckte. Damit hatte sie wohl nicht gerechnet. Sie murmelte etwas wie: »Ach, das ist aber schade, dass wir so einen netten Jungen aus unserer Klassengemeinschaft verlieren sollen.«

Späte Reue, dachte ich. Ansonsten machte Frau Laberle es aber sehr kurz und stellte Vincent selbstverständlich frei. In Wahrheit war sie wahrscheinlich froh, noch einen Schüler weniger in ihrer Klasse zu haben. Mir war ziemlich mulmig zumute. Nun brachte ich die Lawine ins Rollen. Gab es jetzt noch ein Zurück? Hoffentlich lief alles gut.

Vincent freute sich wie ein Schneekönig auf den nächsten Donnerstag und Freitag. An diesen Tagen sollte er die Gelegenheit bekommen, sich den Unterricht in der

Waldorfschule anzuschauen. Endlich wieder ein Hoffnungsschimmer, aus der für ihn so ausweglos erscheinenden Situation zu entfliehen. Ich dagegen wurde immer nervöser. Hoffentlich hatte er jetzt nicht irgendwelche überzogenen Vorstellungen von dieser Schule, die womöglich in der nächsten Woche zunichtegemacht werden würden. Was dann? Ich hatte den Eindruck, dass er auf alle Fälle weg von seiner jetzigen Grundschule wollte. Er sehnte sich nach einer neuen Schulheimat, nach einem Neuanfang. Er war voller Hoffnung. Ich betete, dass er nicht enttäuscht würde.

Der große Tag rückte immer näher, und Vincent war, im Gegensatz zu mir, sehr gelassen.

Donnerstagmorgens ging es also los. Ich begleitete ihn bis zum Klassenzimmer, einmal, um ihm noch etwas Sicherheit und Rückhalt zu vermitteln, aber auch in der Hoffnung, noch ein paar kurze Worte mit seiner Lehrerin zu wechseln, denn diese hatte ich ja noch kein einziges Mal zu Gesicht bekommen. Kurz vor dem Klingeln standen wir vor dem Klassenzimmer. Die Lehrerin, Frau Morgenstern, stand an der Tür um jedes einzelne Kind per Handschlag zu begrüßen. Die Kinder standen aufgereiht in einer Schlange und warteten geduldig, bis sie dran waren. »Guten Morgen, lieber Johannes!« – »Guten Morgen, liebe Frau Morgenstern!«.... – das Ganze 35 Mal!!! Bei jedem Kind wurde ein intensiver Blickkontakt gesucht und die Kinder gingen danach ganz gesittet auf ihren Platz. Als Letzter kam nun Vincent an die Reihe, und sie nahm ihn gleich an der Hand mit in ihr Klassenzimmer und schloss die Tür.

Mmmmmh. Mein zwischenzeitlich zur Fratze erstarrter,

freundlicher Gesichtsausdruck fiel in Sekundenschnelle in sich zusammen. Für mich hatte sie keinen einzigen Blick übrig gehabt.

Also gut! Sie konzentrierte sich eben auf die Kinder!

Ich nahm mir vor, nach der Schule etwas deutlicher auf mich aufmerksam zu machen.

Zu Hause erledigte ich wie üblich meinen stupiden Haushalt. Praktisch, dass das nach 20-jährigem Hausfrauendasein alles automatisch ging. So konnte ich meinen Gedanken nachhängen.

- Beim Bügeln: »Wie's ihm wohl geht?«
- Beim Wäscheaufhängen: »Ob die Kinder nett zu ihm sind?«
- Beim Staubsaugen: »Ob er sich schwer tut im Unterricht?«
- Beim Wischen: »Ob er vielleicht nie wieder dorthin möchte?«

Panikattacke!!! Plötzlich ließ ich alles stehen und liegen und raste in Richtung Schule. Immerhin hatte er in einer Stunde aus, und ich konnte es kaum erwarten, ihn wiederzusehen. Ich war so neugierig. Vor seinem Klassenzimmer setze ich mich auf ein Bänkchen und lauschte. Ab und zu hörte ich aus dem Zimmer Flötenmelodien oder Kinder, die in eine fast asiatisch anmutende Melodie einstimmten. Schön! Aber wie wird mein Sohn damit zurechtkommen?

Endlich ging die Tür auf. Frau Morgenstern verabschiedete die Kinder genauso, wie sie sie begrüßt hatte. Artig aufgereiht standen sie im Klassenzimmer und gaben ihrer Lehrerin die Hand. Ich war sehr beeindruckt. Nicht, dass nun der Eindruck entstand, dass dies voller Autorität, Drill oder Strenge passieren würde. Das Ganze hatte so etwas Leichtes, Fröhliches an sich. Es passierte ganz selbstverständlich und die Kinder hatten alle einen sehr entspannten Gesichtsausdruck. Vincent reihte sich in die Gepflogenheit ein. Er grinste, als er, nachdem der Letzte verabschiedet war, zu mir kam.

Auch Frau Morgenstern nahm mich endlich wahr und gab mir ihre Hand. »Guten Tag, liebe Frau Thome.«

»Guten Tag, liebe Frau Morgenstern«, sprudelte ich hervor. »Na, wie hat mein Sohn denn diesen ersten Tag überstanden?«

Natürlich wollte ich von ihr hören, dass er sich glänzend eingliedern lasse in diese Klasse und dass sie da überhaupt keine Schwierigkeiten sähe, doch sie meinte nur, dass ihm das Malen schon noch besser gelingen werde im Laufe der Zeit, denn sie würden ein bisschen anders malen, als es auf der staatlichen Schule üblich sei, und außerdem könne man ja nach so ein paar Stunden noch gar nicht viel sagen.

Klar war mir das ja selber, trotzdem hätte ich gerne etwas mehr erfahren. Sogleich ließ ich sie wissen, dass Vincent ein ganz ordentliches Zeugnis hat und dass sie da sicherlich schon Einblick genommen habe, doch die Lehrerin unterbrach mich schnell: »Das Zeugnis interessiert mich gar nicht. Mir ist jetzt erst mal wichtig, wie er sich hier in der Klasse so fühlt.« Mutig stellte ich ihr noch die Frage, ob Vincent denn vom Alter her in ihre Klasse passe, denn er war ja schließlich eine Klasse über der jetzigen und in einer staatlichen Schule. Außerdem meinte ich, sei er ja auch geprägt von dem um so viele Jahre älteren Bruder. (Durch die Blume wollte ich fragen, ob diese Klasse nicht einfach zu kindisch sei für Vincent oder ihn eventuell sogar unterfordere.) Frau Morgenstern machte eine kurze Pause, um zu registrieren, ob ich nun fertig sei. Ich war sicher, sie bemerkte meine Unsicherheit ihr und diesem ganzen Schulsystem gegenüber ganz deutlich. Sie sagte: »Der Junge ist noch sehr jung für sein Alter. Es wird ihm gut tun, wenn sein jetziger übergestülpter Intellekt auf sein wirkliches Seelenalter heruntergeschraubt werden kann.«

Ich stutzte. Was für 'n Seelenalter? Dazu konnte ich mich jetzt gar nicht mehr äußern. Gut! Irgendwann werde ich da schon noch mitkommen – einfach nicht zu viel hinterfragen oder überlegen. Ich werde mir ein Buch kaufen. Das ist sicher.

Vincent nahm mich bei der Hand und zog mich Richtung Ausgang. Schnell verabschiedeten wir uns mit einem lässigen »bis Morgen dann« von der Lehrerin.

Auf dem Weg zum Parkplatz begleiteten uns einige Kinder aus seiner Klasse, die unbefangen mit ihm plauderten. »Kommst du morgen wieder?« – »Na klar!« Vincent hatte sich entschieden.

Im Auto quetschte ich ihn richtig aus. Wie fand er denn seine Lehrerin, wie konnte er dem Unterricht folgen, was machten die gerade in Handarbeit? … usw. Alles fand Vincent »ganz gut« – nur in Handarbeit, meinte er, da lief es überhaupt nicht, denn er sollte stricken. Eine Flötentasche! »Ein Junge und stricken!«, nölte er ein wenig herum – aber ich erklärte ihm, wenn ihm alles andere gefallen würde, dann könnte er sich doch an das Stricken auch noch gewöhnen – oder? Freudig stimmte er mir zu.

Nach dem Mittagessen wollte ich mich mit ihm an die Hausaufgaben machen. Hausaufgaben? Nein. Hausaufgaben hatten sie keine auf. Toll! Und das mitten unter der Woche! Paradiesisch! Wir genossen den freien Nachmittag beim Eisessen auf der Terrasse und beim gemeinsamen Spaziergang über die Frühlingswiesen mit unserem Hund …

Vincent war an diesem Nachmittag ein wenig abwesend. Die neuen Eindrücke nahmen ihn gefangen. Immer wieder erzählte er kleinere Episoden aus seiner neuen Schule. Doch alles, was er sagte, klang sehr positiv. Er erzählte, dass er unbedingt auch so eine kleine Flöte brauchte, wie sie alle Kinder hatten, und auch spezielle Wachsmalklötzchen, mit denen man viel besser Formen malen kann. Welche Formen?, dachte ich, wollte ihn aber nicht zu viel befragen. Ich merkte, dass er diese Schule zu seiner machen wollte. Er war beeindruckt von den Kindern, die ihm die Bereitschaft signalisierten, ihn gerne in ihre Gemeinschaft zu integrieren. Er erzählte von einem Mädchen namens Lina, die ihm Mut beim Stricken machte. Sie meinte, sie hätte sich anfangs viel dusseliger angestellt als er. Dies kannte er so nicht. Bis jetzt ging es immer nur darum, der Schnellere zu sein oder die bessere Note zu bekommen. Das war wichtig. Niemals hätte man eine Schwäche gezeigt.

Der nächste Schultag verlief ähnlich. Die Klasse widmete sich nochmals intensiver dem Malen. Vincent berichtete mir zu Hause, dass dies ganz anders laufe, als in seiner alten Schule. (Er sagte wirklich »alte Schule« – nach zwei Tagen Waldorfschule!) Malblätter werden zunächst auf Bretter gelegt und mit einem Schwämmchen nass gemacht. Dann wird mit viel Farbe versucht, die soeben von der Lehrerin erzählte Geschichte in Bildern auszudrücken. Vincent war sehr interessiert. Alles anders, alles neu!

»Stell dir vor, Mama, die brauchen noch nicht einmal Bücher!«

»Ach was, das kann nicht sein«, meinte ich bestimmt, »da musst du etwas falsch verstanden haben.«

SCHULGELD

Ein kurzer Anruf vom Sekretariat bestätigte uns, dass die Lehrerin Vincent gerne aufnehmen möchte und dass sie ihn sich sehr gut in ihrer Klasse vorstellen könnte. Halleluja!!

Als nächste Hürde musste das Finanzielle noch geklärt werden, und zu diesem Zweck besuchte uns eines Abends Herr Teurer, einer von den Waldorfeltern, die sich um die Beiträge kümmerten. Bezeichnenderweise kam er mit dem Fahrrad. Er erzählte uns viel von seinen drei Kindern, die allesamt auf die Waldorfschule gehen und gingen und wie stolz er auf seine Kinder sei. Er gab zu, anfangs auch manchmal gezweifelt zu haben, zumal vor einigen Jahren sein ältester Sohn in der 4. Klasse noch nicht richtig schreiben konnte. Wenn er dann sah, was die Nachbarskinder damals schon alles für Referate schrieben und so weiter, da wurde ihm schon etwas bang ums Herz. Doch mit den Jahren vertraute er dieser Pädagogik, diesen engagierten Lehrern und auch seinen Kindern, und siehe da – sein Ältester hatte letztes Jahr sogar das Abitur gemacht. Er kam so richtig in Schwärmen, wie umfangreich doch die Ausbildung sei, wie wichtig die Auslandsaufenthalte der Jugendlichen, die sich dort durch diverse Praktika eine große soziale Kompetenz erwarben und so weiter und so fort.

Nach mehreren Gläsern biologisch dynamischer

Apfelsaftschorle mussten wir ihn daran erinnern, dass wir nun doch gerne wüssten, was uns der ganze Spaß kosten sollte. Er holte wieder weit aus und erzählte uns etwas von sozial schwachen Familien, denen man es auch ermöglichen müsse, ihre Kinder auf diese Schule zu schicken. Die müssten nur so viel bezahlen, wie sie wirklich konnten. Er erzählte weiter von freiwilligen Spenden, und ganz beiläufig erwähnte er den Mindestbetrag von 230 Euro, den fast alle Eltern für ein Kind hier an dieser Schule aufbringen würden.

Uns stockte der Atem. Uff! Mit so viel Geld hatten wir nicht gerechnet. Ausgerechnet jetzt, wo wir erst letztes Jahr ein Haus gekauft hatten und unser Haushalt sowieso sehr auf Kante genäht war. Ich sah unsere Felle davonschwimmen. Wie sollten wir das möglich machen. Mensch, das war genau der Betrag, den wir monatlich für unvorhersehbare Sachen eingeplant hatten – und das mit dem Sozialfall konnten wir auch vergessen. Großes Haus. Die Ehefrau, die den Luxus genießt, nicht berufstätig zu sein …

Puh! Wie sollte das bloß gehen? Relativ schnell verabschiedeten wir uns von diesem netten Herrn, und nachdem die Tür ins Schloss gefallen war, schauten wir recht ratlos drein. Wir tranken noch ein, zwei Gläschen Wein zusammen und ließen die letzten Monate noch einmal vor unserem geistigen Auge vorüberziehen.

Im Laufe des Abends wurde uns klar, dass wir diesen Schulwechsel wollten. Wir fühlten, dass es nun schon viel zu spät war, einen Rückzieher zu machen, denn jeder von uns wünschte es sich so sehr, dass Vincent auf die Waldorfschule ging. Seltsam, obwohl wir immer noch wenig von dieser Schule wussten, hatte sie uns in ihren Bann gezogen. Fast alles, was wir darüber gehört oder gelesen hatten, hat uns positiv aufhorchen lassen, und irgendwann kommt dann einfach mal der Punkt, wo man sich entscheiden muss. Sicher gibt es Familien, die sich vor ihrer Entscheidung, ihr Kind in die Waldorfschule zu schicken, viel belesener machen, oder Eltern, die sogar von ihrer anthroposophischen Grundeinstellung her und von den Lehren Rudolf Steiners (dem Begründer der Waldorfpädagogik) absolut überzeugt sind und für deren Kinder niemals eine andere Schule infrage käme – vielleicht, weil sie selbst früher auch in eine solche Schule gegangen sind. Diese Leute beneidete ich sehr.

Wir dagegen stürzten uns in ein Abenteuer, wir wussten nicht genau, was uns erwartete, aber wir wussten, was wir nicht mehr wollten, nämlich so weitermachen wie bisher. Nicht mit unserem Jüngsten! Nicht mehr mit uns! Vincent sollte in die FREIE Waldorfschule gehen. Koste es, was es wolle. Irgendwie würde es schon gehen. Wir werden an allen Ecken und Enden sparen. Da geht schon noch etwas. Wir sprachen uns gegenseitig Mut zu und waren sehr glücklich und euphorisch, dass wir eine Entscheidung getroffen hatten. Wir wollten es wagen!

ABSCHIED

Da sogar die Möglichkeit bestand, die Schule während des laufenden Schuljahres zu wechseln, ging alles sehr schnell über die Bühne. Vincent war hell erfreut. Ja! Juhuuuu, so bald wie möglich konnte er sich seiner empfundenen Zwangsjacke entledigen – für immer!

Formalitäten bestimmten die nächsten Tage. Abmeldung von der alten Schule, Anmeldung in der neuen Schule und die Abschlussfeier für Vincent. Frau Laberle wünschte Vincent viel Glück in seiner neuen Schule und beklagte scheinheilig seine »ach so schnelle Abschiedsvorstellung – sogar noch vor den Pfingstferien« – und ich ließ noch mal durchblicken, wie glücklich wir waren, ihren angestaubten Vorstellungen von Pädagogik zu entkommen. Vincent erzählte den Kindern auch schon etwas über seine neue Schule, über den schönen Schulhof mit dem Bach, dem großen Baumstamm und der Riesenrutsche, über seine Lehrerin, die so interessante Geschichten erzählte, und über die vielen netten Schulkameraden, die er schon kennengelernt hatte.

Doch die Kinder hatten, denke ich, sehr zwiespältige Gefühle. Sie trugen eine Menge Vorurteile mit sich herum, die sie eindeutig von ihren Eltern zu hören bekommen hatten. Ein Junge posaunte Vincent lautstark hinterher, dass seine neue Schule doch »Scheiße« sei, »so was wie 'ne Sonderschule«. Unsicher suchte Vincent meinen Blick. Energisch nahm ich ihn bei der Hand und machte ihm mit wenigen Worten deutlich, dass nun Schluss sein musste mit dem »Tal der Tränen«. Wir hatten uns für eine für ihn bessere Schule entschieden, und aus den anderen Kindern sprach entweder die pure Unwissenheit oder der Neid, dass sich für Vincent ein anderes Türlein geöffnet hat, während für sie alles beim Alten bleiben würde.

Unser trotziger Blick war nach vorne gerichtet. Wir waren stark und überzeugt davon, das Richtige getan zu haben. Je weiter wir uns, hoch erhobenen Hauptes, von der Dorfschule entfernten, desto fröhlicher wurden wir. Singend und hüpfend, in richtig ausgelassener Stimmung kamen wir zu Hause an. Wir sind frei. Wir sind frei! *Frei*!

ENDLICH EIN WALDORFSCHÜLER

Vincent ging die nächsten Tage völlig entspannt in seine neue Schule und strahlend holte ich ihn wieder ab. Dieser Glanz in seinen Augen. Ich war jedes Mal entzückt, wenn ich ihn sah, wie er gelassenen Schrittes aus der Schule schlenderte. Keiner schien ihn mehr zu hetzen oder an ihm herumzumäkeln. Es gab immer viel Neues zu erzählen. Ich hörte etwas über »Epochen, Hauptunterricht, Klassenspiel, Zeugnissprüche … usw.« Schnellstens kaufte ich mir ein Buch, denn irgendwie wollte ich beim nächsten Elternabend, den ich schon gespannt erwartete, nicht gänzlich ahnungslos erscheinen.

Das Buch von Otto Hansmann trug den vielversprechenden Titel »Pro und kontra Waldorfpädagogik«. Voller Neugier begann ich noch am selben Abend darin zu lesen, doch meine Euphorie erhielt in den nächsten Stunden einen kräftigen Dämpfer. Ich las zum Beispiel Sätze wie:

»Ich hoffe, deutlich gemacht zu haben, dass unter der zweiten Dimension jedweder Pädagogik, dass die perspektivierende Dimension der Waldorfpädagogik von einem transzendenten (nicht transzendentalen, also im Kantischen Sinne nicht vor, sondern jenseits der bewussten Erfahrung liegenden) Zug charakterisiert ist, der nicht anders als der unter der fundierenden Dimension herausgestellte normative Grundzug gleichfalls eine Gefahr sowie eine Chance aufweist.« (S. 251)

Was sollte das denn heißen, wer sollte das verstehen, für wen schrieb man so ein Buch?? Mein Selbstwertgefühl verabschiedete sich zwischen den Seiten dieses Buches. In meinem früheren Leben, bevor ich Ehefrau und Mutter wurde, hatte ich studiert, war Diplombetriebswirtin und arbeitete in einem angesehenen amerikanischen Verlag als Assistentin der Geschäftsleitung. Wo bitte war mein akademischer Intellekt geblieben? Der konnte doch im Laufe der Zeit zwischen Windeln, Kochtöpfen, Hausaufgaben und Wischmopps nicht gänzlich verloren gegangen sein!

Frustriert kam ich zu dem Ergebnis, lieber vorerst nichts mehr zu lesen, sondern überall die Ohren und Augen aufzusperren.

ELTERNABEND

Zum ersten Mal fuhr ich also nun zu einem Elternabend in die Waldorfschule. Bekannte warnten mich schon vor, dass diese Abende hier alle sechs Wochen stattfinden würden. Zuerst war ich etwas verprellt deswegen, denn im Laufe der Jahre hatte ich einen gewissen Unmut gegenüber Elternabende entwickelt. Diese langweiligen Endlossitzungen! Stundenlanges Herumgehocke und Weggeducke, wenn es um die Wahl der Elternvertreter ging. Monotones Herunterbeten der Lehrpläne in den verschiedenen Fächern. Doch auf diesen Elternabend freute ich mich. Er versprach interessant zu werden. Frau Morgenstern wollte ein Statement über Medienkonsum abgeben. Na ja, dachte ich, das hatte sich ja schon überall herumgesprochen, dass die »Waldis« nicht fernsehen dürfen!

Aufgeregt betrat ich das Klassenzimmer, in dem sich schon viele Eltern geschwätzig begrüßten. Ich setzte mich und musste feststellen, dass es doch sehr viele Eltern waren, denn bei einer Klassenstärke von circa 35 Kindern – da kam doch einiges zusammen! Sicher würde ich eine Weile brauchen, bis ich alle Eltern den dazugehörigen Kindern zuordnen konnte. Frau Morgenstern begrüßte die Runde, stellte mich vor und bat mich, doch eben mal den Eltern zu berichten, warum wir Vincent in die Waldorfschule geschickt hätten. SCHOCKSCHWERENOT! Ich spürte, wie mir das Blut heiß in die Wangen schoss. NEIN! Wieso war ich auf so etwas wieder mal nicht vorbereitet? Instinktiv beschränkte ich mich auf das Wesentliche, nämlich dass wir genug hätten von dem staatlichen Schulsystem, von diesem Druck, der ständig auf die Kinder ausgeübt wird und von den starren altertümlichen Lehrplänen. Deswegen hätten wir uns für einen anderen Weg entschieden. Die Waldorfpädagogik böte für uns eine ansprechende Alternative. Ein Vater wollte es tatsächlich genauer wissen. Er fragte, ob Vincent denn ein »Problemkind« sei, denn die Eltern der Klasse wären sicherlich nicht begeistert, wenn die Klasse mit schwierigen, auffälligen oder gar aggressiven Kindern staatlicher Schulen gefüllt werde.

Also nein! Das fand ich jetzt ziemlich gemein, so eine aufdringliche Fragerei, aber guten Gewissens konnte ich diese Bedenken in aller Deutlichkeit aus dem Weg räumen. Die Eltern waren zufrieden damit. Ja, meinten sie, es sei vielen von ihnen ähnlich ergangen, und sie hießen mich herzlich willkommen in ihrer Runde. Frau Morgenstern erklärte, dass sie nun bis zu den Sommerferien keinen neuen Schüler mehr in die Klasse aufnehmen würde, denn der »Klassenleib« müsste nun erst einmal wieder zusammenwachsen.

Aha. Der Klassenleib!

Auf dem Boden, in der Mitte des Zimmers, lagen wild durcheinander Gemälde der Kinder mit einigen lustig und bunt dahingekrakelten Textzeilen. Einige griff sich Frau Morgenstern heraus und erklärte daran den Entwicklungsstand der jeweiligen Kinder. Da gab es wirklich große Unterschiede, doch jedes Bild wurde gewürdigt, denn sie erklärte, welche Entwicklungsschritte die jeweiligen Kinder gerade durchgemacht hatten, um ihr Bild genau so zu malen, wie sie es getan hatten. Auch die passenden Geschichten dazu waren von den Kindern auf unterschiedlichste Weise verfasst. So erkannte man, was dem jeweiligen Kind bei seinem Bild am wichtigsten erschienen war. Sämtliche Texte waren unkorrigiert und mit bunten Farbstiften geschrieben. Da Vincent sich in der 2. Klasse schon mit einigen Diktaten herumgeschlagen hatte, fragte ich, ob die Schüler diese Erzählungen nicht korrekt schreiben müssten. Mit dieser vorlauten Äußerung erntete ich bloß belustigtes Gemurmel. Frau Morgenstern erklärte mir, dass sie den Kindern in der 2. Klasse ganz bestimmt nicht die Freude am geschriebenen Wort nehmen würde, in dem sie sie mit Rechtschreibregeln quälen würde. Das käme doch später alles von ganz allein, und da hätten sie in der 4., 5. und 6. Klasse noch genug Zeit dafür oder sogar ein ganzes Leben lang, denn die Rechtschreibregeln würden sich ja sowieso am laufenden Band ändern.

Mmmmh – ich spürte, dass sie recht hatte, und trotzdem war ich leicht irritiert, nachdem ich jahrelang erfahren musste, wie wichtig den Grundschullehrerinnen schon in der 2. Klasse ihre ständigen Diktate waren.

Ich musste an die vielen Bilder denken, an denen Vincent stundenlang hingebungsvoll gearbeitet hatte. Bilder, die er voller Begeisterung gemalt und von denen er mir während ihrer Entstehungszeit immer wieder erzählt hatte. Ihm gefielen seine Bilder immer. Er war vollkommen im Einklang mit ihnen und zufrieden mit seinen Werken. Dennoch wurden seine Bilder oft mit schriftlichen Bemerkungen am rechten unteren Bildrand regelrecht versaut. Dort stand dann mit roter Tinte zu lesen: »Kannst du das wirklich nicht besser?«

Darf man so die zart aufkeimende Freude an der Kunst im Keim ersticken?

Im Klassenzimmer hingen viele bunte wunderhübsche Aquarelle. Alle von den Kindern gemalt, aber mir fiel auf, dass nirgendwo ein Name draufstand. Ja – wie schön. So verglichen die Eltern nicht untereinander die Werke ihrer Kinder und man erntete – wie in meinem Fall geschehen – keine mitleidigen Blicke. Außerdem fand ich die Bilder wirklich alle schön. Manches vielleicht auf den ersten Blick unvollendete Werk entwickelte auf den zweiten Blick doch einen gewissen Charme.

Nun hielt Frau Morgenstern eine eindrucksvolle Rede über die Auswirkungen des Fernsehens, von Kassetten oder Videospielen bei Kindern. Eigentlich wusste ich das ja alles schon; trotzdem ging es mir unter die Haut, wenn sie über den »gefrorenen Blick« der Kinder beim Fernsehen referierte oder uns ein Buch empfahl mit dem Titel »Wer hat unseren Kindern das Töten beigebracht?« von Dave Grossman und Gloria DeGraetano, ein Aufruf gegen Gewalt im Fernsehen, Film und Videospielen.

Obwohl Vincent keine Erfahrung mit solchen Spielen hatte, packte mich doch das schlechte Gewissen. Man kann im Umgang mit den Medien und der modernen Computertechnik nicht vorsichtig genug sein.

Frau Morgenstern erklärte uns auch, dass die Kinder nicht von Büchern, Videokassetten oder aus dem Internet lernen sollten.

Vincent hatte also doch recht. Sie brauchten hier nicht unbedingt Bücher zum Lernen. Im Unterricht in der Schule werden auch in höheren Klassen Computer nur äußerst sparsam eingesetzt. Für den Lernerfolg ist nicht entscheidend, ob die Schüler schon in den ersten Klassen mit Internetzugängen versorgt sind. Die Schüler sollen einen seelischen Anschluss an ihre Lehrer entwickeln. Das Wesen der Lehre von Rudolf Steiner ist begründet auf der Überzeugung, dass Menschenbildung nur *zwischen* Menschen stattfinden kann.

Mich überkam ein Frösteln, als mir klar wurde, dass es für Vincent in der 2. Klasse schon normal war, mit dem Computer zu arbeiten. Von ihren Lehrerinnen sind die Kinder dazu aufgefordert worden, immer wieder ins Internet zu gehen. Sie bekamen bestimmte Internetadressen, wo sie zum Beispiel über von ihnen gelesene Kinderbücher befragt wurden und Punkte sammeln konnten. Je höher die Punktzahl, desto höher das Lob in der Schule. Verzweifelte Eltern und Schulkameraden von Vincent, die zu Hause noch über keinen Internetanschluss verfügten, standen bei uns Schlange, um an die begehrten Punkte zu kommen.

Von frühester Kindheit an hatte ich meinen Kindern bezüglich ihres TV-Konsums scharfe Grenzen gesetzt. Vor ihrem 4. Lebensjahr haben sie gar kein TV geschaut. Ich war immer der Meinung, Kinder sollten ihre frühesten Erfahrungen selber in ihrer eigenen Welt machen dürfen. Nach und nach führte ich sie dann sehr kontrolliert an die Medienwelt heran, denn wie konnte ich ihnen erklären, dass so etwas ausschließlich für Erwachsene zu nutzen ist. Wenn sie bei Freunden zu Besuch waren, machten sie ihre ersten Erfahrungen mit bunten, wunderschönen Kinderfilmen, und so forderten sie nach und nach auch ein Stück weit, an dieser Traumfabrik teilhaben zu können. Ich hielt mich an das Motto: »So wenig wie möglich – und kontrolliert.« Nie saßen meine Kinder vor der Glotze, ohne dass ich wusste, was geschaut wurde und wie viele Minuten der Bildschirm schon flimmerte. Immer zogen sie das Spielen mit anderen Kindern oder einen Spaziergang in der Natur vor.

Mit dem Computer ging es uns ähnlich. Mein stark in seinen Beruf als Projektmanager eingebundener Ehemann verbrachte jeden Abend damit, seinen Labtop zu bearbeiten. Wie soll man da vor seine Kinder treten mit erhobenem Zeigefinger und ihnen erklären, dass das »böse« ist, absolut unnötig, verboten oder sogar ungesund?

Obwohl ich persönlich diesen elektronischen Datenwesen sehr skeptisch gegenüberstehe, stimmte ich letztendlich zu, dass Vincent auch einen Laptop haben sollte. Und jetzt schickte ich meinen Sohn in die Waldorfschule. Mir trieb es die Schamesröte ins Gesicht. Während der Ausführungen von Frau Morgenstern wurde es mir zunehmend ungemütlich zumute. Ich hatte das Gefühl, dass sie mich immer besonders durchdringend anschaute. Vor allem als sie bemerkte, sie wüsste ziemlich genau Bescheid über den Fernsehkonsum ihrer Schüler. Ihr bliebe nichts verborgen, denn die Kinder plapperten so einiges. Sie wüsste sogar, dass ein Kind aus dieser Klasse einen eigenen Labtop besitze. Spitze Aufschreie, untermalt von missmutigem Geraune folgten dieser Erklärung, und mir wurde speiübel. Ich sah mich von oben, wie ich immer kleiner wurde. Trotz meines erst vor Kurzem absolvierten Kurses in autogenem Training begann ich zu hyperventilieren. Am liebsten wäre ich versunken in meinem Zweitklässlerstuhl. NEIN! WIE PEINLICH!

Eine Mutter meldete sich zu Wort. Sie berichtete strahlend und mit Stolz geschwellter Brust, dass ihre Familie schon seit einem Jahr ihren Fernseher auf den Dachboden verbannt hätte. Und siehe da, ihr Familienleben sei um ein Vielfaches lebenswerter geworden. Endlich nähme man sich mehr Zeit füreinander. Auch mit ihrem Mann würde sie viel besinnlichere Abende verbringen. Dabei gluckste sie vor Glück, schlug verschämt die Augen nieder und verkündete die Schwangerschaft ihres 4. Kindes. Na bravo!

Dieser sehr persönliche Beitrag erntete wohlwollenden Applaus!

Ich dagegen kam mir so langsam vor, wie im Club der anonymen Fernsehsüchtigen – und ich war wohl eine der wenigen, die absolut noch nicht »trocken« war. Vollkommen derangiert erwartete ich sehnsüchtig das Ende des Elternabends.

Selbstverständlich nahm ich mir an diesem Abend fest vor, das TV-Thema bei Vincent wieder etwas strenger zu handhaben, denn all die Gründe, die gegen verfrühte Konfrontation mit den Medien sprechen, waren und sind mir natürlich einleuchtend. Der Wille war jedenfalls da, doch die Umsetzung im Alltag gestaltete sich manchmal problematisch, vor allem mit zunehmendem Alter des Kindes.

ZEUGNIS

Langsam näherten sich die Sommerferien. Nicht nur Vincent wurde immer mehr er selbst. Die ganze Familie wurde gelassener. Endlich lebten wir nicht mehr unter der Knute des Hausaufgabenterrors. Wir atmeten auf. Man konnte wieder einkaufen gehen, wann man Lust dazu hatte, die Waldorfkinder konnten sich untereinander verabreden und spielen, denn sie hatten sehr wenig Hausaufgaben im herkömmlichen Sinne auf. Es waren andere Hausaufgaben, die gerne erledigt wurden. Zum Beispiel sollte Vincent sich passende Stöcke zum Schnitzen suchen oder Materialien sammeln, aus denen er in der Schule ein Haus baute, nachdenken, welche Begriffe ihm bei dem Wort »Heimat« einfielen, oder herausfinden, welche Raupen zurzeit gerade unterwegs sind. Vincent sang den ganzen Tag neue Lieder in Deutsch, Französisch oder Englisch. Manchmal rezitierte er lange Gedichte oder Klassenspiele (kleine Theaterstücke, die während des Hauptunterrichts einstudiert wurden), ohne dass er sie zu Hause üben musste. Beim Spazierengehen sagte er freiwillig verschiedene 1x1-Reihen beim »Hopsaschritt« auf. Ich war begeistert, wie selbstverständlich er diese Schule annahm und wie zufrieden sie ihn machte. Wir bemerkten, dass seine Schrift schöner wurde. In der Schule mussten die Kinder die ganze Legende vom Löwen und der Maus auf unlinierte Blätter schreiben.

Anfangs krakelte Vincent in wirren Zeilen, doch nach und nach sah man, dass er seine Mitte fand. Die Linien wurden immer gerader, die Schrift immer gleichmäßiger. Die Kinder lernten viel *in* der Schule. Das machte die Hausaufgaben beinahe überflüssig. Ungewohnt – aber einleuchtend. Vincent blühte auf und wir blühten mit.

Während seine Freunde an der staatlichen Schule und deren Eltern unter dem wachsenden Schulstress ächzten, genossen wir die heißen Sommertage im Schwimmbad, und Vincent und ich stellten fest, dass wir die Ferien überhaupt nicht so wahnsinnig herbeisehnten wie sonst. Vincent ging wieder gerne in die Schule. Nichtsdestotrotz gab es die großen Sommerferien und wir hielten sein erstes Zeugnis aus der Waldorfschule in den Händen. Es war ein Berichtszeugnis. In freiem Wortlaut wurden seine Leistungen beurteilt. Ohne Noten. Wir lasen Sätze wie:

- Vincent hat sich mit viel Freude in die Eurythmie eingefunden …
- Er war ein tüchtiger und aufmerksamer Schüler …
- Mit viel Hingabe konnte er in die Geschichten und Verse eintauchen …
- Wir freuen uns, einen so feinen Schüler mit in das 3. Schuljahr begleiten zu dürfen.

Endlich fand er seine Anerkennung. In jedem Fach.

Zum ersten Mal bekam er seinen »Zeugnisspruch«, den er jeden Mittwoch an dem Wochentag seiner Geburt vor der ganzen Klasse aufsagen musste. Er lautete:

»Suche das Kleinste zu benennen, um der Welt großes Rätsel zu kennen.

Schau mit dem Herzen in weiser Sicht, erfülle die Arbeit mit freudiger Pflicht.

Allein der Mensch kann beides ergründen, das Höchste im Kleinsten tätig verbinden.«

Durch die Zeugnissprüche, die seine Lehrerin für jedes Kind selbst dichtete und niederschrieb, sollten die Kinder lernen, frei und ohne Hemmungen vor der Klasse zu sprechen. Im Zeugnisspruch sprach sie die persönlichen Entwicklungsschritte jedes Schülers in bildhafter Weise an.

Durch das Aufsagen der Sprüche, das ein wichtiges Ritual an allen Waldorfschulen ist, entsteht ein bestimmter Wochenrhythmus. In den vorangegangenen Monaten hatte ich bemerkt, wie stark die Waldorfpädagogik durch viele rhythmische Elemente versucht, den Unterricht zu strukturieren. Jeder Hauptunterricht besteht in der Regel aus einem rhythmischen Teil, in dem vor allem der Wille der Kinder angesprochen werden soll, einem mittleren Bereich, in dem an die Gefühle der Kinder appelliert wird und einem dritten Teil, der sich gezielt an das Denken der Schüler richtet (dreigliedrig).

Mir fiel auch auf, dass seine Lehrerin nicht alles zu Ende erklärte. Sie ließ ganz bewusst einige wichtige Fragen offen. Aufgrund meiner Nachfrage erfuhr ich, dass dies ein wichtiges Element der Waldorfpädagogik sei. Die Schüler nehmen diese Frage mit in die Nacht, schlafen darüber und am nächsten Tag kann dieses Thema viel nachhaltiger – mit einem ganz anderen Tiefgang – von den Kindern aus behandelt werden. Das war mir einleuchtend.

Vincent fühlte sich in diesen Strukturen wohl. Die vielen verschiedenen rhythmischen Wiederholungen im Wochen- und Tagesablauf gaben ihm Halt. Zu seiner Lehrerin entwickelte er schnell eine intensive Beziehung. Er bewunderte an ihr, dass der Quell ihrer interessant erzählten Märchen und Mythen schier unerschöpflich schien. Aufmerksam folgte er im Hauptunterricht ihren spannenden Geschichten, und seine Seele war so sehr mit diesem Gehörten verknüpft, dass ihm oft zu Hause noch die Tränen kamen, wenn er mir eine besonders traurige Stelle nacherzählte.

Auch der Epochenunterricht kam ihm in seiner Entwicklung entgegen. Im Gegensatz zu ständig wechselnden Fächern (im 45-Minuten-Takt) haben die Waldorfschüler entweder dreiwöchigen Englischunterricht *oder* Französischunterricht; Mathe *oder* Deutsch. Dies bedeutete eine wesentlich intensivere Beschäftigung mit jedem Fach.

FERIEN

In den Ferien fuhren wir, wie schon einige Jahre zuvor, mit unserem Wohnwagen auf einen sehr idyllisch gelegenen Campingplatz am Mittelmeer. Wir freuten uns auch diesmal wieder darauf, vor allem da wir mit einer befreundeten Familie verabredet waren, die drei Kinder hatte, mit denen sich Vincent immer sehr gut verstand. Für meinen Mann und mich waren die Ferien immer gerettet, wenn Vincent genügend Kinder zum Spielen hatte. Anderen Eltern ging es vermutlich ähnlich.

Doch schon am zweiten Ferientag stahl sich Vincent völlig niedergeschlagen in unser Vorzelt. Auf meine Frage, was denn eigentlich los sei, meinte er weinerlich, seine Freunde müssten heute lernen und sie hätten für mindestens zwei Stunden keine Zeit, mit ihm zum Strand zu gehen. Mir fiel die Kinnlade herunter. Hatte ich da richtig gehört? In den ersten Ferientagen *lernen*? Die armen Kinder! Niemals Ferien! Musste das denn wirklich sein? Hatten die Kinder und Mütter denn überhaupt kein Recht auf eine schulfreie Zone?

Ich machte einen Besuch bei unseren Zeltnachbarn, um mich von diesem Wahnsinn zu überzeugen.

Da saßen sie am Tisch wie arme, kleine Sünder. Frisch gewaschen und frisiert, alle brav, aber traurig über ihren Büchern, während in der Ferne der weiße Sandstrand und das Rauschen der Brandung lockten. Das grenzte doch an Sadismus!

Die Mutter, vollkommen konzentriert auf jedes Kind, fragte sie abwechselnd Vokabeln ab, ließ sie etwas rechnen oder etwas abschreiben. Sie antwortete auf meinen erstaunten Gesichtsausdruck nur ganz knapp, dass die Kinder täglich in den Ferien vormittags zwei Stunden etwas für die Schule tun müssten, das würde sie schon nicht umbringen, und ihre Kinder gingen nicht auf eine Waldorfschule, die müssten schließlich etwas lernen!!!

Der Schlag saß. Ein satter Schwinger, mitten im Gesicht platziert.

In solchen Momenten bedauerte ich es immer zutiefst, nicht in direktem Gegenzug schlagfertig kontern zu können. Hinterher, ja da fielen mir immer viele passende Argumente ein, die ich zu meiner und Vincents »Verteidigung« hätte sagen können. Doch in diesem Augenblick überwog der Schmerz und gekränkt schlich ich zurück auf unseren Platz.

In meine anfängliche Wut über diese Überheblichkeit mischten sich langsam auch Zweifel. Mich befiel eine große Verunsicherung. Ist das wirklich nicht zu wenig, was Vincent in seiner Schule lernt? Wie soll das hinterher alles funktionieren mit dem Realschulabschluss, der Fachhochschulreife oder gar mit dem Abitur? Wie sollen die Waldorfschüler binnen kürzester Zeit auf das geforderte Niveau gebracht werden? Und überhaupt, wieso gingen eigentlich nicht mehr Kinder auf die Waldorfschule?

In der letzten Ferienwoche traf Vincent eine Waldorfschülerin, und obwohl sie drei Jahre älter war als er, waren diese Kinder überglücklich, einen »Gleichgesinnten«

getroffen zu haben. Sie wurden die besten Ferienfreunde, die man sich vorstellen konnte. Unzertrennlich spielten sie den ganzen Tag miteinander. Sie übten mit ihrem mitgebrachten Einrad, sie sangen sogar zusammen Lieder, die sie beide von der Schule her kannten, und studierten zusammen einige Tänze ein, die mich stark an Eurythmie erinnerten.

Einerseits war ich natürlich froh darüber, dass Vincent einen »Waldi« getroffen hatte, aber andererseits befremdete mich die Feststellung, dass diese Pädagogik in unserer Welt doch zweifelsohne einen gewissen Seltenheitswert hat. Machten wir unseren Sohn damit zum Außenseiter? Wird er später einmal belächelt als ewig Gestriger oder sogar als Spinner abgetan, wenn er hinter einem aus der Anthroposophie heraus erklärbaren Weltbild steht, das andere nicht von jetzt auf nachher begreifen können oder tolerieren wollen?

Andererseits denke ich, obwohl wir natürlich versuchen, die Philosophie der Schule zu Hause mitzutragen, erfährt er durch seine Familie und seine nicht anthroposophische Umwelt auch ein Weltbild, das ihn prägt, und ich wünsche mir, dass er später in vollkommener geistiger Freiheit selbst wählen kann, wohin er tendiert. Nichts sollte ihm mehr übergestülpt werden. Er sollte selber denken und entscheiden lernen.

Da selbst die religiöse Glaubensfrage in unserer Familie ein ständiger Prozess ist – wir uns von keiner Konfession mehr bestimmen lassen wollen –, kam es uns sehr gelegen, dass wir Vincent in den freichristlichen Religionsunterricht der Waldorfschule schicken konnten. Hier befassten sich Lehrer und Schüler hauptsächlich mit den biblischen

Geschichten, die ja Grundlage vieler Glaubensrichtungen sind.

Wir überdachten diese Themen intensiv und beschlossen, an der Schule festzuhalten, denn wir sahen die positiven Veränderungen Vincents – schon nach einer so kurzen Zeit. Im Grunde bedauerten wir die vielen Kinder, die nicht in den Genuss dieser feinfühligen Pädagogik kamen. Nicht immer ist etwas gut, weil es schon immer so war oder weil die meisten Menschen es auch so machen. Wenn man von einer Sache nicht mehr überzeugt ist, sollte man aufhören zu lamentieren und auch den Mut haben, andere Wege zu gehen. Mit allen Konsequenzen. Ein »Rundum-Sorglos-Paket« würde die Waldorfschule für uns bestimmt nicht werden, doch wir fassten immer mehr Vertrauen in dieses System.

DIE ACKERBAUEPOCHE

Nach den langen Sommerferien waren Vincent und ich froh, endlich in das 3. Schuljahr durchzustarten. Wir freuten uns auf die Schule und waren sehr neugierig, wie sich wohl die 3. Klasse gestalten wird.

Am ersten Elternabend nach den Sommerferien kündigte die Klassenlehrerin eine »Ackerbauepoche« an. Die Schüler sollten dabei erfahren, wie viel Arbeit und Mühe es früher machte, bis geerntet werden konnte. Frau Morgenstern bemängelte: »Viele Kinder haben heute keinen Bezug mehr zur Herstellung von Lebensmitteln, da sie zu jeder Jahreszeit in den Supermärkten auf die breite Produktpalette sämtlicher Köstlichkeiten zugreifen können. Manche Kinder glauben tatsächlich, dass Nudeln auf Bäumen wachsen! Damit unseren Kindern dies nicht passiert und damit sie lernen, dankbar zu sein für den täglich gedeckten Tisch, werden sie mit einem alten Pflug, mit ihren eigenen Händen ein Feld umpflügen dürfen.« Dazu sollte ein dickes Seil an den Pflug gebunden werden, und die Schüler mussten dann unter Aufbietung ihrer ganzen Kräfte gemeinsam die Ackerfurchen ziehen, um ein Kartoffelfeld vorzubereiten. Frau Morgenstern hob hervor, wie wichtig für die Kinder dabei das Gemeinschaftserlebnis sein wird und wie nach dieser schweißtreibenden Arbeit die Ehrfurcht vor dem täglichen Stück Brot wachsen wird. Eine tolle Idee! Ich war wie elektrisiert. Ja, das könnte mir auch Spaß machen. Den ganzen Tag an der frischen Luft mit den Kindern; Ferien auf dem Bauernhof sozusagen.

Eifrig meldete ich mich freiwillig, um den schon für den darauffolgenden Tag angesetzten Ausflug begleiten zu dürfen. Ich freute mich riesig auf diesen vielversprechenden Tag.

Der Morgen nahte. Ein Telefonanruf riss mich aus dem Schlaf. Eine aufgeregte Mutter am anderen Ende der Leitung bat mich, das Gemüse, das für die Kinder gekocht werden sollte, zu dem Bauernhof zu fahren, da ihr Kind an Mumps erkrankt war und sie somit zu Hause bleiben musste. Ich sollte lediglich das Gemüsetaxi übernehmen.

Okay. Nichts leichter als das. Ich wurde gebraucht. Super!

Die Kinder wurden vom Landwirt persönlich mit dem Trecker abgeholt. Drei Hänger waren ausstaffiert mit Strohballen, als Sitzflächen für die Kinder. Hübsch anzuschauen war das, als die rotwangigen Kinder voller Erwartung die Anhänger bevölkerten und der Trecker mit ihnen losdonnerte.

Schnell holte ich das angekündigte Gemüse ab. Toll! Alles Biogemüse – die Spende einer ortsansässigen Gärtnerei. Eifrig und ganz unbedarft verfrachtete ich zig Kilo Karotten, Kartoffeln, Paprika, Tomaten, Brokkoli, Zwiebeln und Blumenkohl in mein Auto und karrte es zu der beschriebenen Adresse des Herrn Bäuerle.

Kaum dort angekommen kamen auch schon die 35 Kinder mit der Lehrerin auf den Hof gerattert. Während ich lässig den Kofferraum öffnete, um die Unmengen von Gemüse zur Schau zu stellen, fragte ich die Lehrerin, was denn nun damit geschehen werde und wer sich denn nun um dieses Gemüse kümmere, und überhaupt, wie und wo das denn jetzt gekocht werden sollte – und just in diesen Sekunden meiner dämlichen Fragerei kam ich ins Stottern, denn eine Unheil verkündende Ahnung robbte sich entlang meiner feinsten Nervenbahnen und ganz tief in meinem Innersten begann es zu vibrieren … nein! – Bitte nicht!!! – Oder etwa doch?

Tja, meinte Frau Morgenstern süffisant, sie habe da nichts geplant, so ein Tag müsse auch die Chance haben, eine gewisse Eigendynamik zu entwickeln. Für sie selbst sei es jetzt erst einmal wichtig, die Kinder an den Pflug zu bekommen. Und schon war sie weg, mit den Kindern und mit dem Bauer. Ungläubig schaute ich ihnen nach, wie sie sich munter in Richtung Acker davon trollten.

»Da stand ich nun, ich armer Tor …«, mit meiner Gemüsefuhre, und schaute recht betreten drein. Okay, es waren einige Kilo. Je früher ich damit anfing, umso besser. Wer sollte es denn sonst tun – die anderen zwei Mütter waren schneller als ich und mit der lustigen Horde aufs Feld verschwunden. Also gut. Gottergeben entwickelte ich Eigendynamik und klingelte bei der Bäuerin, die mich in ihre Küche ließ. Ich beschloss, das Gemüse zu putzen und so vorzubereiten, dass die Kinder in ihrer vorgesehenen Vesperpause das Gemüse klein schnippeln konnten. Stundenlang stand ich in der Küche. *Stunden*!!! So hatte ich mir diesen Ausflug gewiss nicht vorgestellt. Ich schrappte Karotten, pulte die Brokkoliröschen auseinander und, und, und … für circa 40 Personen – das hatte ich noch nie gemacht. Ich kam mir vor wie ein strafversetzter Schiffsjunge, der zu niederen Diensten in die Kombüse abberufen wurde. Das Gemüse schien kein Ende zu nehmen. Irgendwann hatte ich es wider Erwarten geschafft. Ich bereitete mit der Bäuerin draußen die Plätze für die Kinder vor, und diese trudelten so nach und nach ein, ziemlich erledigt vom Pflugziehen. Sie tranken und aßen etwas, und sie begannen zu schnipseln und zu häckseln. Ja, das Gemüse wurde von den vielen kleinen Kinderhänden tatsächlich innerhalb kürzester Zeit zerkleinert. Neugierig ging ich zum Feld und schaute, inwieweit es gepflügt war. Schock, es waren nur drei Bahnen gepflügt worden – während des ganzen Vormittags! Wie war das möglich? – und immer noch mühten sich einige Kinder, Mütter und die Lehrerin ab, den schweren altertümlichen Pflug in Bewegung zu setzen. Also ließ auch ich mich einspannen. Eine Mutter bediente den Pflug, während einige Kinder und ich krampfhaft versuchten, an dem Seil zu ziehen und zu zerren. Es war unglaublich schwierig; der Pflug bewegte sich tierisch schwerfällig, und es mussten mindestens noch sieben Bahnen gezogen werden. Die Lehrerin ließ nicht locker. Sie meinte, sie wisse, dass dies kein Zuckerschlecken sei, aber den Kindern würde das in ewiger Erinnerung bleiben.

Ja, allerdings – und auch den Eltern! Die Kinder, die mit Schnipseln fertig waren, mussten wieder (inzwischen unter lautem Protest) zurück an den Pflug, und nach einigen Stunden Schinderei war das kleine Kartoffelfeld gepflügt. Uff. Da konnten wir wirklich stolz sein. Und jedem war klar, dass es sich bei dieser Arbeit um echte Knochenarbeit handelte.

Aus den Augenwinkeln heraus sah ich, dass Frau Morgenstern auch einen großen dreifüßigen Plattengrill zum Aufhängen über eine offene Feuerstelle dabeihatte. Er stand schon bereit.

»So«, meinte sie, »alle Kinder jetzt auf den Anhänger und

mit dem Bauern zum nächsten Feld fahren! Dort werden jetzt Weizenkörner gesät. Dieses Kornfeld werden wir im Sommer ernten können.« Begeistert und froh, endlich der körperlichen Quälerei entkommen zu können, rannten sie alle weg.

Oooooh, neiiiiiin! Nun stand ich wieder da. Mir war klar, wenn diese Meute Kinder wieder zurückkommt, sind sie hungrig wie die Wölfe, und ich schien hier zum Koch auserkoren zu sein. Ich zögerte, fühlte mich vollkommen in die Enge getrieben. Gab's für mich einen Ausweg? Mein Auto stand höchsten 20 Meter entfernt. Niemals kam es mir schöner vor. Lächelte es nicht milde und winkte mich heran? Ich wollte heim. Gerne wäre ich einfach davongefahren. Aber so ein schlechtes Beispiel konnte ich nun doch nicht abgeben. Sobald sich mein soziales Gewissen meldete, war mein Widerstand gebrochen, und ich machte mich mit hängenden Mundwinkeln daran, das Gemüse über dem vom Bauer entfachten Feuer zu grillen. Ich wendete es, würzte es, probierte es, schob es vom rechten Rand zum linken Rand und rundherum, und egal, auf welcher Seite ich von diesem mir feindlich gesinnten Grillteller stand – ich stand *immer* im Rauch und erlag fasst einer Rauchvergiftung. Zu allem Unglück fing es auch noch an zu regnen!

Als die Kinder müde und hungrig zurückkehrten war das Gemüse gar. Sie schaufelten gierig die leckere und gesunde Mahlzeit in sich hinein und waren dankbar dafür, denn dieser harte Arbeitstag war auch an ihnen nicht spurlos vorübergegangen. Sie konnten stolz sein auf ihre Leistung und Herr Bäuerle versprach jedem einen Sack Kartoffeln zum nächsten Jahr. Auch ich war stolz auf mich. Hätte mich gestern jemand gefragt, ob ich diesen Job übernehmen möchte, hätte ich garantiert vehement abgewimmelt. Doch ich hatte es geschafft, hatte mich durchgebissen und war nicht davongelaufen.

Völlig durchnässt, hundemüde und »duftend« wie eine Räucherforelle, aber mit dem wunderbaren Gefühl, etwas Außerordentliches geleistet zu haben, fuhren wir nach Hause.

Jetzt verstand ich besser, wenn von dem Engagement, das den Waldorfeltern in besonderem Maße abverlangt wird, die Rede war.

DER BESUCH DER LEHRERIN

An einem anderen Elternabend erfuhr ich durch verschiedene Elterngespräche, dass die Lehrerin gerne von den Eltern eingeladen würde. Sie wollte genau sehen, in welchem Umfeld ihre Schüler aufwachsen, natürlich um sie besser zu verstehen, um manche Verhaltensweisen eventuell von der familiären Situation ableiten zu können. Das war mir schon etwas suspekt. Aber natürlich luden wir sie zu einem der kommenden Wochenenden zu Kaffee und Kuchen ein.

Mein Mann und ich waren richtig aufgeregt. Ich backte einen Bio-Apfelkuchen und brachte die Wohnung auf Hochglanz. Wir machten uns über Vincents Kinderzimmer her. Sämtliches Plastikspielzeug, Mickey-Mouse-Hefte und vor allem der Computer mussten selbstredend verschwinden. Wir überlegten allen Ernstes, ob wir auch unseren Fernseher verstecken sollten, doch da es ein 23 Jahre altes Stück mit einer Bildschirmdiagonale von ca. 35 Zentimetern war, beschlossen wir, dass dies vielleicht doch besser rüberkommen würde, wenn wir ihn stehen ließen. So registrierte sie, wie ehrlich wir damit umgehen können, dass wir zwar fernsehen, aber dass es uns doch sehr wenig bedeuten musste, bei einem solch mickrigen Design.

Zum Tee- und Kaffeekochen war alles vorbereitet, der Kaffeetisch war stimmungsvoll gedeckt, ein Kerzlein brannte, als es klingelte. Nach dem üblichen Begrüßungshabitus und einem kleinen Rundgang – vorbei an meiner passend zur Jahreszeit mit bunten Blättern und Hagebutten geschmückten Kaffeetafel – verabschiedete sich Frau Morgenstern von uns, die wir schon seit einer Stunde nach Kaffee lechzten, mit den Worten: »Komm, Vincent, zeig mir doch mal dein Zimmer, dort können wir uns ein bisschen unterhalten oder spielen. Hier ist ja kein Leben in diesen Räumen. Meinetwegen hätten Sie nicht so aufräumen müssen!«

Der Schreck fuhr uns in alle Glieder. Hatten wir schon wieder alles falsch gemacht, obwohl wir uns so bemüht hatten? Mensch, wir waren doch wirklich blöd! Wie Schuppen fiel es uns von den Augen! Sie wollte Vincents natürliches Umfeld sehen und nicht ein nur für die Augen einer Lehrerin herausgeputztes Zuhause. Wie einfältig und verklemmt wir mit dieser Waldorfthematik noch umgingen! Wir nahmen uns vor, in Zukunft mehr Selbstbewusstsein an den Tag zu legen. Aus uns machte man nicht von heute auf morgen eine voll anthroposophisch orientierte Familie, und das wurde schließlich auch von niemandem erwartet. Das war doch klar!

Ganz langsam begeben wir uns auf den Weg, und wir sind bereit, die Grundgedanken der Anthroposophie zu Hause mitzutragen, Denkanstöße aufzufangen und uns damit auseinanderzusetzen. Alles andere wäre ziemlicher Quatsch.

Scherzend setzten mein Mann und ich uns an den Esstisch, schnitten für uns den Kuchen an und tranken Kaffee. Wir hatten verstanden und fühlten uns plötzlich sehr wohl in unserer Haut. Frau Morgenstern und Vincent gesellten sich nach geraumer Zeit auch zu uns, und wir erzählten uns gegenseitig von unseren beruflichen Werdegängen und privaten Interessen, vom Urlaub und von diesem und jenem. Abschließend kam unser Hund noch in den Genuss eines ausgedehnten Spaziergangs durch die Wiesen rund um unser Dorf, und wir verabschiedeten Frau Morgenstern mit dem Gefühl, dass wir uns alle um einiges nähergekommen waren.

MARTINSMARKT

Wie jedes Jahr führte die Elterninitiative unserer Waldorfschule Ende November den traditionellen Martinsmarkt durch.

Dieser Markt wird genutzt, um sich der Öffentlichkeit zu präsentieren, und er erwies sich als wahrer Publikumsmagnet. Schon seit dem Anfang des neuen Schuljahres arbeiteten alle Schüler, Eltern und Lehrer fleißig darauf hin, unsere Schule in einem möglichst positiven Licht erstrahlen zu lassen. Konzerte wurden einstudiert, Bilder gemalt, Holzmasken geschnitzt. Es wurde getöpfert, gestrickt, gefilzt und gebastelt.

Ab 11.00 Uhr konnten die vielen Verkaufsstände, die von unzähligen Helferhänden aus Kindergarten und Schule vorbereitet worden waren, angeschaut werden. Bei diesem bunten Angebot fiel es nicht schwer, noch das eine oder andere passende Weihnachtsgeschenk zu finden. Wir deckten uns noch schnell vor dem 1. Advent mit einem liebevoll, ausschließlich mit Naturmaterialien geschmückten Türkranz ein.

Für Familien mit Kindern ist der Martinsmarkt ein gern besuchtes Fest, denn freudig konnten auch diesmal vielfältige Angebote an Kinderaktivitäten und Bastelgelegenheiten wahrgenommen werden.

Verschiedene Klassen schmückten ihre Klassenzimmer

themenbezogen. So zauberten die Schüler der 9. Klasse mit ihrer Dekoration und den entsprechenden Rhythmen ein quirliges Karibikflair in ihren Raum, während sie an einer Cocktailbar die erfrischendsten bunt gemixten Getränke feilboten (natürlich alkoholfrei!). Im Klassenzimmer gegenüber konnte man sich über eine sehr abwechslungsreiche Salatbar hermachen. An anderen Stellen gab es leckere Maultaschen, die ich zusammen mit vier anderen Waldorfmüttern in der Schule am Tag zuvor in mühevoller und stundenlanger Kleinarbeit in der Schulküche fabriziert hatte (400 Stück!), Kürbissuppe, Falafeln (das sind vegetarische Döner), sogar die Pommes fehlten nicht (aber »bio« mussten sie schon sein). Im Café labten sich die Gäste an den köstlichsten selbst gebackenen Kuchen und durch das ganze Schulgebäude zog der verführerische Duft von gebrannten Mandeln.

Besonders gefallen hat mir ein Stand, der von Kindern geschnitzte Figuren aus Afrika anbot. Anmutige Antilopen, stolze Elefanten, aber auch attraktiven Schmuck gab es hier zu bestaunen. Bei jedem Stück stand geschrieben, wie viele Tage ein Kind in Afrika speziell für diesen Verkaufspreis eine Schule besuchen könnte. Dass es Kinder auf der Welt gab, die gerne in die Schule gehen würden, aber es ihnen aus Armut nicht möglich gemacht werden konnte, beschäftigte Vincent nachhaltig.

Dieser Martinsmarkt war mit Abstand das abwechslungsreichste Schulfest, das ich je besucht hatte.

Der Erlös des Tages kam, ganz im Sinne von St. Martin, sowohl der Schule als auch einem sozialen Zweck zugute.

DIE OBERUFERER WEIHNACHTSSPIELE (2. Versuch)

Zum zweiten Mal machte ich mich mit Vincent auf den Weg, um dem Theaterstück »Das Paradeisspiel« etwas mehr abgewinnen zu können. Diesmal tappte ich nicht gänzlich unvorbereitet in die Vorstellung. Bei einigen Mitgliedern der Laienspielgruppe unserer Schule hatte ich recherchiert, dass es in den Waldorfschulen zur Tradition geworden ist, jedes Jahr und weltweit die »Oberuferer Weihnachtsspiele« aufzuführen,

Ein Professor aus Wien namens Karl Julius Schröder hat in den Fünfziger- und Sechzigerjahren des 19. Jahrhunderts in Oberufer (heutige Slovakei) diese Weihnachtsgeschichten unter den Bauern dort gesammelt. Seine Absicht bestand darin, das Geistesgut aus alten Zeiten zu bewahren. So erhielt sich die mittelalterliche Spielweise bis in die heutige Zeit.

Die Texte sind durch Einwanderer aus ehemaligen deutschen Gegenden des westlichen Oberungarns nach Oberufer gekommen und wurden vermutlich im ganzen deutschen Sprachraum in ähnlicher Form und Weise gespielt, d. h. in Mundart. Rudolf Steiner hat die Spiele übernommen und neu herausgegeben. Er selbst gab den Lehrern den Rat, sie allweihnachtlich ihren Schülern zum Geschenk aufzuführen. Natürlich behielt er die alte deutsche Sprache bei, die mich bei meinem ersten Besuch der Vorstellung so irritiert hatte.

Die Oberuferer Weihnachtsspiele zeigen in drei großen Akten den Weg der Menschheit, wie er in der Bibel geschildert wird. Zuerst die Vertreibung aus dem Paradies im »Paradeisspiel«. Die Berührung mit dem Bösen ist hier die Voraussetzung für die Freiheit des Menschen zur eigenen Entscheidung. Damit verbunden ist der Beginn eines Weges in die Selbstverantwortung durch harte Arbeit und Erziehung.

Dann im zweiten Spiel, dem »Christgeburtspiel«, wird die Geburt des Heilands nachgespielt, wie wir es aus dem Lukasevangelium kennen. Im Stall von Bethlehem, in aller Stille, wird der Zuschauer Zeuge des Beginns einer neuen Zeit. Nur die Hirten, in ihrer Einfalt und Bescheidenheit, nehmen die Bedeutung der Geburt Jesu wahr, machen sich auf den Weg und finden das göttliche Kind.

Den Abschluss bildet das »Dreikönigsspiel« mit den dramatischen Geschehnissen, wie sie im Matthäusevangelium ausgeführt sind. Im Mittelpunkt steht hier der brutale Versuch Herodes', das neugeborene unschuldige Kind, diese neue Kraft der Liebe, im Keim zu ersticken.

Ich staunte, wie hingebungsvoll und einfühlsam die Lehrer und Eltern unserer Schule das Christgeburtspiel einstudiert hatten. Sehr liebevoll gingen Josef und Maria miteinander um.

Diesmal waren wir sehr ergriffen von den einfachen Bildern, Urbildern, die zu unseren Seelen sprachen. Innerlich lachte ich mich aus, als ich mich daran erinnerte, wie unwissend ich mich letztes Jahr hatte überrumpeln lassen. Wir beschlossen, wann immer es uns möglich war, in den nächsten Jahren diese ganz besonderen Oberuferer

Weihnachtsspiele zu besuchen, so gut haben sie uns gefallen. Sie stimmten uns vortrefflich auf Weihnachten ein. Wir fühlten uns innerlich aufgeräumt, als wir, diesmal nicht mehr so aufgewühlt wie beim ersten Mal, nach Hause fuhren. Jetzt konnte es Weihnachten werden!

Zu guter Letzt möchte ich eine Stelle aus dem Christgeburtspiel zitieren, die mich sehr berührt hat, in der wohl eine tiefere Botschaft für unsere Christenheit oder auch allgemein für die ganze Menschheit in den unterschiedlichsten Lebenslagen stecken könnte, für alle, die sich »auf den Weg machen«.

Als Crispus, der vierte Hirte, sich auf den Weg nach Bethlehem machen will, fragt er: »Is weit dahin?« Und bekommt zur Antwort: »Bis d'hikommst!«

WIR WERDEN EINE WALDORFFAMILIE

Die Monate plätscherten so dahin und Vincent entwickelte sich zusehends von einem unsicheren, traurigen Bübchen zu einer selbstbewussten und starken Persönlichkeit. Seine anfangs beschriebenen psychosomatisch-vegetativen Störungen hatten sich schon in den ersten Wochen nach dem Schulwechsel verabschiedet. Jedem in unserem Bekanntenkreis fiel auf, dass er wieder glücklich war.

Im Sommer wurden die Kinder im Rahmen einer »Bauepoche« noch mal so richtig körperlich gefordert. Jeden Tag kam Vincent verschwitzt, braun gebrannt und müde nach Hause. Er erzählte etwas von einem Barfußpfad, den sie anlegten, einen Sinnespfad, bei dem jedes Kind ein eigenes Feld anlegen durfte – aus den unterschiedlichsten Materialien. Vincent entschied sich für seine Muschelsammlung, die er im Laufe unserer Familienurlaube am Meer gesammelt und getaucht hatte. Ich war begeistert, als ich den Pfad sah, und mir war klar, warum er im Laufe des Sommers Muskeln wie ein Bauarbeiter bekam. Der Pfad war absolut professionell. Die Kinder hatten Tonnen von Steinen bewegt, Beton gemischt und Platten verlegt. Sie hatten ihr Durchhaltevermögen, ihren Schweiß und ihre Ideen in die Gestaltung ihres Pausenhofes eingebracht, und es ist ein bleibendes Kunstwerk entstanden, das sie während ihrer gesamten Schulzeit begleiten wird.

In der 4. Klasse zogen die Anforderungen merklich an. Es gab mehr Hausaufgaben und in Französisch und Englisch fingen die Schüler an zu schreiben. Immer wieder war ich erstaunt, wie leicht ihm das jetzt alles fiel. Das Arbeitspensum war genau an seinem Entwicklungsstand orientiert. Selbst in Mathematik lernten sie in einer dreiwöchigen Epoche mit Brüchen zu jonglieren, sodass selbst mir manchmal der Kopf rauchte und ich zwischen endlosem Kürzen und Erweitern aufgab. Jetzt brauchten die Kinder ihre 1x1-Reihen, die sie in den ersten Jahren ständig zu wiederholen hatten. Sie rechneten nicht nur bis 10 x 10 sondern bis 15 x 18. Inzwischen waren meine Bedenken verflogen, dass die Waldorfschüler weniger lernen würden als die staatlichen, denn mit Bruchrechnen in der 4. Klasse und ihren fortgeschrittenen Englisch- und Französischkenntnissen konnte in den staatlichen Parallelklassen keiner mithalten. Gerne wurde uns auch die gewaltig erscheinende Klassenstärke von 35 Kindern unter die Nase gerieben. Doch mittlerweile punktete ich mit der Erklärung, dass die Kinder lediglich im Hauptunterricht, also in den ersten zwei Stunden, in ihrer vollen Klassenstärke unterrichtet würden, und dies auch gewollt sei, sodass die Kinder sich mit möglichst vielen Temperamenten auseinanderzusetzen hätten. Im Fachunterricht, auch in den Sprachen wurden die Kinder hälftig getrennt. Mit 17 oder 18 Kindern konnte somit sehr intensiv gearbeitet werden.

Die Waldorfschule ist eine höhere Schule, an der überdurchschnittlich viele Kinder später ihre Fachhochschulreife oder ihr Abitur ablegen können. Dies war mir nun klar, und ich zweifelte nicht mehr im Geringsten daran, dass wir uns richtig entschieden hatten.

Manchmal lasen wir in der Presse oder wurden darauf angesprochen, dass die Waldorfpädagogik rassistische Züge aufweise; nur weil vor circa hundert Jahren der Herr Steiner einmal etwas von »Negern« und »Wurzelrassen« gefaselt hatte. Auf Nachfragen meinerseits wussten die meisten auch nicht mehr dazu zu sagen, was mich in der Meinung unterstützt, dass solche Äußerungen vollkommen aus dem Zusammenhang gerissen sein mussten. Ich habe jedenfalls vom Rassismus an der Waldorfschule oder gar Intoleranz gegenüber verschiedenen Weltreligionen noch nichts bemerkt. Es kommt sicherlich immer auf die Lehrer an, inwieweit sie sich auf so einen Unsinn einlassen, rechtsradikales Gedankengut zu verbreiten. Außerdem möchte ich jetzt nicht unbedingt veröffentlichen, was ich in den letzten Jahren von Pädagogen einer staatlichen großstädtischen Brennpunktschule in Deutschland über die Ausländerproblematik vernommen habe.

In Vincents Klasse lernten Kinder der unterschiedlichsten Nationalitäten und Religionen in friedvollem sozialem Miteinander, während in den alten Religionsheften meiner Kinder sinngemäß zu lesen war, dass es ohne Gott keine Liebe gebe, oder wer nicht an unseren Gott glaubt, eher zur Gewalt neige. Sprechen solche Sätze für Toleranz?

Lange mussten wir mit unseren Kindern darüber reden, denn sie wussten, dass ihr Vater schon lange keiner kirchlichen Glaubensrichtung mehr angehörte.

Im Rahmen verschiedener Vorträge, Lesungen und Workshops, die wir fleißig besuchten, erfuhren wir Interessantes über die Anthroposophie und über die Waldorfpädagogik. Wir gewannen an Sicherheit und ansatzweise sympathisierten wir auch mit den verschiedensten anthroposophischen Grundgedanken.

Was kann denn so schlecht sein an einer Lehre, die davon ausgeht, dass neben den Menschen auch Tiere, Pflanzen und Steine beseelt sind. Wir fanden es bemerkenswert, als wir Vincent vor einigen Jahren dabei ertappten, wie er sich leise und liebevoll von einer Bananenschale verabschiedete, bevor er sie in den Müll warf – und da war er noch kein Waldorfschüler. Ist es nicht gut, jedes Wesen oder Ding gleichermaßen respektvoll und mit vollster Achtung seiner Einzigartigkeit zu behandeln?

Dennoch kamen wir wiederholt ins Straucheln, wenn über diverse Erdenleben, karmische Verstrickungen, Seelengeister, Astral- und Ätherleiber philosophiert wurde. Bis zum heutigen Tag können wir Ausführungen dieser Art nicht gänzlich nachvollziehen und empfinden vieles als befremdend oder total abgehoben, aber wir sind ja lernfähig und vielleicht denken wir in einigen Jahren anders darüber.

Wir wunderten uns, warum denn an der Lehre Rudolf Steiners an einigen Schulen so akribisch bis ins kleinste Detail festgehalten wird. Noch nach so vielen Jahren! Offenbar hatte sich der Lehrplan der Waldorfschulen seit Jahrzehnten nicht geändert. Diese »Unbeweglichkeit« kam mir doch erschreckend bekannt vor!?

Waldorfschüler sind ihrem Ruf nach in Fremdsprachen, Kunst und sonstigen kreativen Fächern immer bestens qualifiziert; in Naturwissenschaften jedoch knicken die meisten bei einem eventuellen Schulwechsel an eine Regelschule dramatisch ein. Warum muss das so sein, und vor allem, warum muss das für alle Zeit so bleiben? Wechselte Vincent von einem erstarrten Bildungssystem in das nächste? Kam er sozusagen vom Regen in die Traufe? Dieser Rudolf hätte doch bestimmt nichts dagegen gehabt, wenn seine

Schüler im schnellen Lauf der Zeit in den naturwissenschaftlichen Fächern ein wenig mehr auf »Vordermann« gebracht worden wären, oder?

Die Schule barg wohl noch einige Geheimnisse für uns. Deswegen blieb es spannend und trotz aller Zweifel tat sie uns gut – nach dem Motto: »Gut ist, was nützt!«

Und dass sie nicht nur Vincent, sondern uns allen von großem Nutzen war, war offensichtlich.

Langsam, aber sicher veränderten wir uns, indem wir immer mehr in die Schulgemeinschaft hineinwuchsen. Oder sollte ich besser sagen, die Schule durchwurzelte uns?

Ich putzte, kochte, backte Kuchen und bastelte für allerlei Festivitäten. Mein Mann half an den Wochenenden fleißig beim Bau eines neuen Schulgebäudes mit. Es kamen immer mehr Bio-Lebensmittel auf den Tisch und natürlich nur noch Milch von glücklichen Kühen.

Unser ältester Sohn Alexander wollte nach seinem Abitur ein freiwilliges soziales Jahr im Ausland an einer anthroposophischen Einrichtung für behinderte Kinder und Jugendliche (Camphill) absolvieren, und er zog allen Ernstes in Erwägung, später einmal Waldorflehrer zu werden.

Da Vincent immer öfter Schulfreunde mit nach Hause brachte, deren kreative Spielideen keine Grenzen kannten, ging sein TV-Konsum von ganz alleine auf ein verschwindend geringes Maß zurück.

Unsere ganze Familie begab sich in die Hände eines anthroposophischen Arztes, da wir uns dort besser angenommen und betreut fühlten.

Selbst unser Hund bestand morgens, äußerst unnachgiebig, auf seine Weißdorn-Globuli, um seinem beginnenden Altersherz vorzubeugen.

EIN BISSCHEN WALDORFSCHULE

(Quelle: Waldorfpädagogik und staatliche Schulen, Stuttgart, Berlin, Mayer: 2005, Heinz Buddemeier/Peter Schneider)

In der jüngsten Vergangenheit gab es die unterschiedlichsten Projekte, mit denen versucht wurde, bestimmte waldorfpädagogische Elemente in den Schulalltag staatlicher Grundschulen einfließen zu lassen. Zum Beispiel versuchte man in einer 3. Klasse, den Unterricht rhythmisch zu gestalten, epochenähnliche Projekte in Deutsch oder Sachkunde durchzuführen, und man bemühte sich, in den kreativen Fächern, wie Malen, Basteln etc., mehr mit Kopf, Herz und Hand (dreigliedrig) zu agieren.

Da die Fachlehrer aber nicht auf ihren stündlich wechselnden Stundenplan verzichten wollten, ließ das den Pädagogen nicht die erforderliche Zeit, um Projekte ähnlich wie im Hauptunterricht der Waldorfschulen zu gestalten. Außerdem drängten die Eltern die Lehrer, nicht auf die üblichen Rechtschreib- und Grammatikübungen zu verzichten, aus Angst, ihre Kinder könnten den »Anschluss« verpassen. Das muss man sich mal vorstellen – in der 3. Klasse!!!

Die sich an dem Projekt beteiligenden Lehrer empfanden durchweg eine Bereicherung ihres Unterrichts und das soziale Klima in der Klasse verbesserte sich. Zum Beispiel stärkte die Rhythmisierung das Zusammengehörigkeitsgefühl, und wenn die Kinder gemeinsam etwas gestalteten, das nicht mit richtig oder falsch bewertet werden musste, fiel auf, dass die Wertschätzung füreinander spürbar anstieg.

Trotz vieler wohlwollender Beurteilungen seitens der Lehrer scheiterten die Versuche sowohl an der Skepsis der Elternschaft, die immer wieder ermahnten, sich doch lieber an den Lehrplan zu halten und vor allem wieder Noten zu geben, als auch am überwiegenden Desinteresse im Kollegium. Obwohl vielen Lehrern einzelne Elemente gut gefielen, konnten sie sich nicht dafür erwärmen, ihren Unterricht so in dieser speziellen Weise fortzuführen. Was macht den Lehrern und Eltern so viel Angst?

Rudolf Steiner war davon überzeugt, dass seine pädagogische Methodik überall, wo man den guten Willen dafür hat, eingeführt werden kann. Viele, mit denen ich in den letzten Monaten gesprochen habe, waren der Meinung, dass eine Durchmischung der Schulsysteme das einzig Wahre sei. Von jedem ein bisschen sozusagen. Diese Meinungen kann ich heute nicht mehr vertreten.

Ich kann mir nicht vorstellen, dass Fächer, wie zum Beispiel Formenzeichnen oder Eurythmie, an den staatlichen Schulen unterrichtet werden, ohne dass die Pädagogen die dafür erforderlichen antropologischen (Er-)kenntnisse besitzen. Man kann doch nicht einfach einige methodische Kniffe aus der Waldorfpädagogik herausnehmen und das auf das staatliche Bildungssystem übertragen. Die Waldorfpädagogik ist eine Anschauung über das Wesen des Menschen, die man verstehen muss und die man für richtig halten muss, um damit erfolgreich unterrichten zu können. Ein bisschen Waldorfschule gibt es nicht!

ANGEKOMMEN

Ein- oder zweimal im Jahr wurde die Öffentlichkeit eingeladen zum »Öffentlichen Vorspiel«. (Ha, ha! Diese Wortwahl!)

Alle Klassen durften zeigen, was sie sich im Laufe der letzten Monate in den verschiedensten Unterrichtsfächern angeeignet hatten. Da ich ja nun schon fast richtig dazugehörte, wusste ich ungefähr, was mich erwartete, und ging ganz entspannt und voller Vorfreude zu dieser Aufführung.

Es war wie immer ein hinreißender Abend. Gedichte wurden aufgesagt, kleine Theaterstücklein aufgeführt, in Englisch oder in Französisch. Es wurde gesungen und musiziert, eurhythmisch wurden Tücher geschwungen, und besonders verzauberten mich einige 10.-Klässler, die sehr gelungen eine Komposition von Chopin in farbenfrohe und dynamische Bewegungen umsetzten. Der Abend war gelungen. Begeistert stimmte ich ein in den frenetischen Applaus.

Erst jetzt bemerkte ich eine kleine, unscheinbar gekleidete Frau, die mir beim Hinauslaufen aus dem großen Saal immer dicht auf dem Fersen blieb.

»Das war wirklich schön«, meinte sie, »ich überlege, ob ich meine Tochter auch hier auf diese Schule schicken soll.«

Verwundert blickte ich mich um. Meinte sie mich?

Auf dem Weg zur Garderobe erklärte sie mir, dass sie sich nicht sicher sei, ob das der richtige Schritt sei für sie und ihre Familie, denn sie seien ja schließlich keine Anthroposophen, und überhaupt sei es ja nur mal so eine Überlegung und ob ich ihr nicht ein Buch empfehlen könne, zum Einlesen in das Thema »Waldorfpädagogik«.

Ich bemerkte ihre Unsicherheit und war leicht amüsiert. Das kam mir alles so bekannt vor – und überhaupt, wieso hatte sie sich ausgerechnet *mich* ausgesucht, um sich jemandem anzuvertrauen???

Selbstbewusst riet ich ihr: »Da müssen Sie sich kein Buch kaufen. Tauchen Sie einfach ein in die Welt der Schule, wachsen Sie langsam hinein in diese wunderbare Gemeinschaft und haben sie Vertrauen in die Lehrer. Die Entwicklung Ihrer Tochter wird Sie in Ihrer Entscheidung bestärken. Daran werden Sie ablesen können, wie gut Ihrem Kind diese sensible Pädagogik tut. Sie müssen kein Anthroposoph sein, um Ihr Kind in die Waldorfschule zu schicken. Hauptsache, die Lehrer sind es.«

Schwungvoll schlang ich meinen neuen regenbogenfarbenen Schal um die Schultern meines selbst gestrickten Pullis und schwebte schmunzelnd von dannen.

NACHWORT

Wenn Ihr Kind auf eine Waldorfschule geht, müssen Sie damit rechnen, dass dies von Außenstehenden belächelt oder sogar angefeindet wird. Die Waldorfschulen werden in der Öffentlichkeit nicht ernst genommen, regelrechtes Desinteresse wird an den Tag gelegt. Ich habe nie verstanden, warum für diese außergewöhnliche Pädagogik nicht mehr Werbung gemacht wird. Warum lässt man die Öffentlichkeit im Dunkeln tappen, wenn es um grundlegende Informationen über die Waldorfschulen geht. Warum räumt man nicht auf mit den vielen Vorurteilen? Auch mir fiel es wirklich schwer, mich langsam einzufinden in diese Thematik, die Hoffnung nicht aufgebend, Bücher in verständlich geschriebener Sprache zu finden, die mir ein Licht aufgehen lassen sollten.

Nachbarn und mit uns befreundete Pädagogen der staatlichen Schulen nahmen eine sehr distanzierte Haltung gegenüber der Waldorfpädagogik ein. Uns wurde wiederholt vorgeworfen, unseren Sohn zur Weltfremdheit erziehen zu lassen. Einladungen zu Festen, Aufführungen oder Vorträgen in der Waldorfschule wurden nicht angenommen. Es war frustrierend zu erkennen, wie wenig Bereitschaft da war, sich wirklich mit der Waldorfpädagogik auseinanderzusetzen, selbst bei Leuten vom Fach.

Wir hörten dann so Äußerungen wie: »Warum sollte

ich? Meine Schüler gehen gerne zu mir in die Schule, die vermissen nichts in meinem Unterricht. Lass den Vincent da mal hingehen. Wenn der es auf der ›normalen‹ Schule geschafft hätte, hättet ihr ihn auch nicht auf die Waldorfschule geschickt!«

In diesem Punkt musste ich den Kritikern aus unserem engsten Umfeld recht geben. Wäre Vincent nicht fast daran zerbrochen, hätten wir uns wieder 13 lange Jahre durch ein Schulsystem gewurstelt, das uns in jeglicher Form widerstrebte. Wie außerordentlich dankbar ich heute Vincent dafür bin, dass er uns in diese interessante, abwechslungsreiche und äußerst anspruchsvolle Schullandschaft der Anthropologie geführt hat!

Die Noten und der Wunsch nach einem guten Abiturzeugnis beherrschten zugegebenermaßen auch mich in früheren Zeiten. Inzwischen habe ich gelernt, meine Kinder um ihrer selbst willen anzuerkennen. Zuversichtlich und mit viel Respekt vor ihrer Individualität werde ich sie auf ihrem spannenden Lebensweg begleiten.